# 新版 地域分析
―データ入手・解析・評価―

村山 祐司  
駒木 伸比古  著

古今書院

# はしがき

　地域分析［Regional Analysis］は，理論・計量的な手法やモデルを駆使して地域の諸特徴を探るとともに，地域的パターンやその構造，秩序，法則，そして一般化を追究することを課題としている．さらに地域の形成・変容メカニズムを明らかにし，当該地域における将来予測や計画・政策に役立てることをめざしている．

　最近では，地域に関する多種多様な情報がデジタル化されるとともに，これらのデジタルデータを処理するパーソナル・コンピュータの性能が飛躍的に向上し，だれでも手軽に地域分析が行える環境が整いつつある．さらに，地域分析を支援する地理情報システム（GIS）や統計解析ソフトウェアが安価であるいは無償で入手できるようになっている．ビッグデータ時代の到来とともに，地域分析はエリアマーケティングをはじめビジネスでも注目を集め，データマイニングを中心とした新しい地域分析の技法も芽生えつつある．

　本書は，地域分析に関心のある大学生や大学院生，日常業務に携わる行政関係者，ビジネスマンを対象とした，地域分析に関心をもつ初心者向けの入門書である．複雑な数式や演算手続きなどの数学的な説明はなるべく省き，地理情報をどのようにデータ化し，どんな形式でデータを取り込み，地域分析のどんな手法で処理するか，さらに得られた分析結果を空間的にどう解釈するかなど，地域分析のプロセスや方法論の説明に重点をおいている．数学的解法やアルゴリズムなどに関心のある読者は，本書とともに，統計学や情報学の書物も手元に置いて理解を深めてほしい．

　本書の初版（村山祐司著）は1990年に刊行され，1993年に増補版第1刷が，1998年には増補改訂版が発行された．その後15年が経過し，今では地域分析の方法論や実証研究の事例がかなり古くなってしまった．この間に，統計データや地図のデジタル化が進み，WebGISやオンライン統計学などのツールを援用した地域分析も台頭している．このような状況を踏まえ，現在の地域分析に適した新

版を上梓することにした．新版の執筆にあたっては，愛知大学地域政策学部の駒木が加わり，村山と二人で旧版の全面的改訂を行った．とくに旧版の第Ⅰ部は大幅な見直しを行った．新版では，村山は第1章，第13～15章を，駒木は第10～12章，第16章を担当し，それ以外の章は共同で執筆した．なお，第13～15章は雑誌『モビリティ』に掲載された「交通の空間モデルについて」（村山祐司著，1991年秋号：1992年冬号・夏号）をベースにしている．

　最後になったが，地域分析の教科書としての旧版の有用性を評価いただき，新版の刊行をお奨めくださった新潟国際情報大学の藤田晴啓教授に感謝の意を表します．藤田教授の推薦がなければ本書の刊行は実現しませんでした．また，本書を刊行するにあたり，私たちの意図をくみ取り，適切なアドバイスを賜った古今書院の橋本寿資社長にお礼を申し上げたい．

　平成25年7月

村山祐司・駒木伸比古

# 目　次

はしがき ──────────────────────────── i

第1章　地域分析の情報をいかに入手するか ──────── 1
　1．文献の探し方　1
　2．データの探し方　5
　3．ソフトウェアの活用　12

## 第Ⅰ部　多変量解析で地域の特徴をさぐる

第2章　地域分析に役だつ多変量解析 ──────────── 19
　1．多変量解析とは　19
　2．地域分析における多変量解析の歴史　21
　3．多変量解析と地理行列　22
　4．多変量解析をどう利用するか　25
　5．多変量解析の参考文献　26

第3章　地域事象の予測/説明に役だつ回帰分析 ─────── 29
　1．回帰分析とは　29
　2．単回帰分析の適用　31
　3．重回帰分析の適用　37
　4．回帰分析の参考文献　40

第4章　潜在的構造を探るのに役だつ因子分析 ──────── 43
　1．因子分析とは　43
　2．地域分析における適用例　47

3．因子分析の応用的側面　55
　　4．因子分析の参考文献　57

## 第5章　地域事象の類型化に役だつクラスター分析 — 59
　　1．クラスター分析とは　59
　　2．クラスター分析の計算手続き　61
　　3．地域分析における適用例　63
　　4．因子分析・クラスター分析併用の等質的地域区分　67
　　5．クラスター分析の参考文献　69

## 第6章　地域事象間の関連を探るのに役だつ正準相関分析 — 71
　　1．正準相関分析とは　71
　　2．地域分析における適用例　73
　　3．地理的場理論と正準相関分析　76
　　4．正準変量の解釈のむずかしさ　79
　　5．正準相関分析の参考文献　80

## 第7章　地域事象を空間上に布置するのに役だつ多次元尺度構成法 — 81
　　1．多次元尺度構成法とは　81
　　2．多次元尺度構成法の手順　83
　　3．地域分析における適用例　84
　　4．多次元尺度構成法の参考文献　89

## 第8章　質的データを数量化するのに役だつ数量化理論 — 91
　　1．数量化理論とは　91
　　2．地域分析における適用例　98
　　3．数量化理論の参考文献　102

## 第9章　地域分析に役だつその他の多変量解析 — 103
　　1．因果関係を探るのに役だつパス解析　103

2．地域事象の判別に役だつ判別分析　106
　　3．地域構造の明確化に役だつQ分析　110

# 第Ⅱ部　地域をいかに分析するか－地域分析の方法－

## 第10章　メッシュに基づき分析する ──────── 117
　　1．標準地域メッシュとは　118
　　2．分析事例－業態別にみた都市圏内における店舗立地傾向　119

## 第11章　領域を設定する ──────── 125
　　1．ボロノイ分割とは　125
　　2．分析事例－新たな学区の設定　126

## 第12章　集積を把握する ──────── 131
　　1．点分布パターン分析とは　131
　　2．分析事例－「まち歩きマップ」の分析を通じて　137

## 第13章　ネットワークで考える ──────── 143
　　1．グラフとしてのネットワーク　143
　　2．ネットワークの連結性　144
　　3．ネットワークの連結性と地域発展　148
　　4．シミュレーション・モデル　149

## 第14章　近接性をはかる ──────── 153
　　1．はじめに　153
　　2．グラフ理論を援用した近接性測定手法　153
　　3．近接性の時系列変化に関する実証研究　156

## 第15章　地域間の流動をみいだす ―― 159
　1．はじめに　159
　2．空間的相互作用モデルとは　160
　3．空間的相互作用モデル族　162
　4．重力モデル　165
　5．エントロピー最大化モデル　167

## 第16章　これからの地域分析 ―― 171

## 索　引 ―― 177

# 第1章

# 地域分析の情報をいかに入手するか

　地域分析では，目的を定め，目的達成のために適切なデータを収集することからスタートする．そして，収集したデータに統計的，数理的な手法を適用し，得られた結果を可視化・解釈し，結論を導き出す．これが地域分析の一般的な流れであり，この一連の手続きを効率よく行うことが大切である．手作業ではできない複雑な演算や大量データの処理には，統計パッケージや GIS（地理情報システム）などのソフトウェアを利用することが欠かせない．

　そこで，本章では，文献，統計，地図，解析ソフトウェアなどに焦点を当てながら，地域分析に有用な情報の入手方法や活用について述べたい．

## 1．文献の探し方

　1960 年代に北米で興隆した地域分析は，その後世界に広がり，1970 年代以降貴重な研究成果が蓄積されてきた．新しい方法論や手法が次々生み出され，今日，海外・国内を問わずさまざまな実証研究に活用されている．どのような地域を対象に，どんな研究がなされてきたのか，手法や空間スケールに着目しながら，従来の研究の諸成果を渉猟することは，地域分析の第一歩である．

　地域分析の文献を広くサーベイするには，まず国立情報学研究所が運営する GeNii（ジーニイ）学術コンテンツ・ポータルにアクセスするとよい（http://ge.nii.ac.jp/genii/jsp/index.jsp）．このサイトでは，「論文を探す CiNii」，「本・雑誌を探す Webcat Plus」，「研究課題・成果を探す KAKEN」，「分野別専門情報を探す NII-DBR」，「教育・研究成果を探す JAIRO」の 5 つの基幹データベースを一括して検索できる（図 1-1）．

2　第1章　地域分析の情報をいかに入手するか

図1-1　GeNii（ジーニイ）学術コンテンツ・ポータル
出典　ge.nii.ac.jp/genii/jsp/

　「論文を探すCiNii」は，重要文献を渉猟できる強力なツールである．そのなかの，学協会刊行物・大学研究紀要・国立国会図書館の雑誌記事索引などのデータベースからなる「CiNii Articles - 日本の論文をさがす」では，タイトル・著者名・掲載情報などから必要な論文を難なくみつけることができる．参考文献と被引用文献が表示されるので，引用関係も把握しやすい．文献によっては，PDF形式でダウンロード・閲覧することも可能である．「CiNii Books - 大学図書館の本をさがす」では，全国の大学図書館等が所蔵する本（図書・雑誌）の所在情報が得られる．図書館に配架されていない場合には，インター・ライブラリー・ローン（他の図書館から本や雑誌の論文・記事を取り寄せたり，複写してくれたりするサービス）を活用して，当該書物を入手するとよい．
　2つ目の「本・雑誌を探すWebcat Plus」では，連想検索が行える．これは，文書と文書の言葉の重なり具合をもとに，ある文書に近い文書を探し出す検索技術を使って，研究目的に沿う適切な図書を提示する，というユニークな機能である．
　「研究課題・成果を探すKAKEN」では，科学研究費助成事業により行われた

研究の採択課題，研究成果の概要（研究実績報告，研究成果概要），研究成果報告書及び自己評価報告書を収録したデータベースをもとに，各学術分野における最新の研究情報を得ることができる．

「分野別専門情報を探すNII-DBR」は，国内の学会，研究者，図書館等が作成した29の学術的データベースからなる（図1-2）．人文地理学会が編集した地理学文献データベースもこのなかに含まれている．国内で刊行された地理学及び隣接分野（地質学，農学，歴史学，経済学，社会学，文化人類学，都市研究，村落研究など）における関連文献が収録されており，著者やキーワードとともに，主題分類，さらには各文献が研究対象とした地域に基づくサーチが可能である．

「教育・研究成果を探すJAIRO」では，日本の学術機関リポジトリに蓄積されている学術コンテンツが検索できる．学位論文，紀要論文，データベース，ソフトウェア，テクニカルレポート，会議発表論文など，一般に入手が困難な情報も

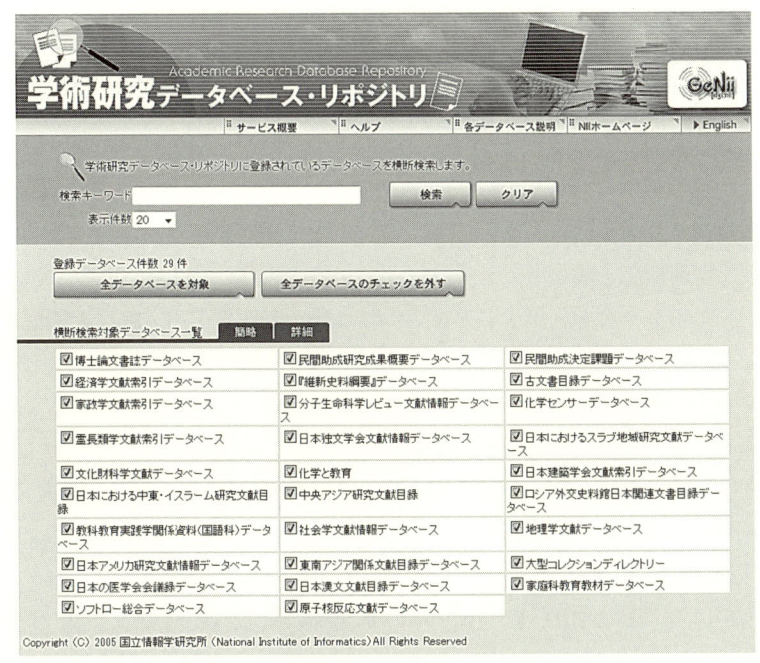

図1-2　学術研究データベース・リポジトリ
出典　https://dbr.nii.ac.jp/

得られるので，重宝である．

　近年，日本では多数の学協会から電子ジャーナルが発行されるようになった．J-STAGE（科学技術情報発信・流通総合システム）は，総合学術電子ジャーナルサイトであり，ここからは国内で発行された学術論文の抄録や全文が過去にさかのぼって入手できる（https://www.jstage.jst.go.jp/）．

　科学技術振興機構が運営する J-GLOBAL は，これまで個別に存在していた科学技術情報をつなぎ，ユーザの自由な発想を支援するという斬新なサービスを提供する（http://jglobal.jst.go.jp/）．研究者（国内の大学・公的研究機関・研究所に所属する研究者の氏名，所属機関，発表論文等），研究課題（国内の様々な研究課題のタイトル，実施期間，実施研究者等），文献（タイトル，著者，発表資料，巻号頁），研究資源（国内の大学・公的研究機関等に関する研究資源名，機関名，概要）などの情報が得られる．このサイトは，多様な情報の相互関係を把握するのに役に立つ．

　日本語，外国語を問わず，幅広く論文，学術誌，出版物を検索できるサイトとして，Google Scholar（グーグル・スカラー）を紹介しておきたい（http://scholar.google.co.jp/）．インターネット上で公開されている文献については，アドレスが表示されるので，全文を簡単にダウンロードできる．Google Scholar では，論文の引用関係（他の学術資料に引用された回数）も把握しやすい．Google ウェブ検索と同様，最も関連性の高い情報がページの上部に表示される．

　文献の引用関係を本格的にサーベイしたい場合には，Web of Science（（株）トムソン・ロイター）を利用するとよい．これは，高度な引用文献検索機能を備えた学術文献データベースで，文献の引用回数はもとより，引用文献をたどって研究の発展や経過を系統的に調べられる．近年，学術雑誌の質を評価する手段として，インパクトファクターが注目を集めている．これは，ある特定雑誌に掲載された「平均的な論文」がどれくらい頻繁に引用されているかを示す尺度であり，その分野における当該雑誌の影響度を推定できる（http://ip-science.thomsonreuters.jp/products/jcr/support/）．たとえば，雑誌 S を例に取れば，そのインパクトファクター（2013 年）は，2011 年，2012 年に雑誌 S に掲載された論文が 2013 年中に引用された回数（A）を 2011 年，2012 年に雑誌 A が掲載した論文数（B）で除した値（A／B）で示される．昨今，オンラインジャーナルであふれ，学術雑誌

の質を判断することが難しくなりつつある．したがって，なるべくインパクトファクターの値が高い学術雑誌を参照し，研究の質を高めるように努めるのがよいだろう．

なお，Web of Science を包含し，自然科学，社会科学，人文科学における情報を迅速に検索・分析し，情報共有が可能な調査研究プラットフォームとして，Web of Knowledge が知られている．このシステムを導入している学術研究機関は今のところ少ないが，利用価値が高いので，今後大学図書館などで導入が進むと思われる．

## 2．データの探し方

≪統計資料≫

　統計データの所在を調べる際，手がかりを与えてくれるのは，e-Stat（政府統計の総合窓口）と呼ばれるポータル・サイトである（http://e-stat.go.jp）．政府統計にとどまらず，都道府県が作成した統計や外国統計などの情報も得られる．「主要な統計から探す」，「政府統計全体から探す」，「キーワードで探す」に加え，「検索条件を指定して探す」，「統計用語から探す」など，様々な条件で統計データを検索できる．統計表そのものを Excel，CSV，PDF などの形式で閲覧，ダウンロードすることも可能である．世界の多くの国々では，すべての政府統計データを中央統計局が作成・管理し，いわば中央管理方式を採用しているが，日本では各省庁が統計調査を実施し管理する分散管理方式を採用している．このため，作成機関が多岐にわたり，データがあちこちに分散しがちなので，このポータル・サイトは貴重である．

　e-Stat のなかの「地図で見る統計（統計 GIS）」のコーナーでは，各種の統計データをもとに主題図を作成し，簡単な空間分析を行うことができる．都道府県，市区町村，小地域とスケールを変えた GIS 分析が可能である．市区町村統廃合の変遷情報や市区町村境界図なども得られる．「調査項目を調べる」のコーナーでは，1) 統計に用いる分類項目・用語，2) 統計に用いる標準地域コード，3) 基幹統計調査の調査票名，調査項目名，定義単位項目の定義内容，調査票のイメ

ージなどが得られる．

　各府省や国内外の機関等が実施した統計調査の結果をまとめ，総合統計書として編集・刊行したものに，日本統計年鑑，日本の統計，世界の統計，日本の長期統計系列などの二次統計書がある．これらのデジタルデータは，総務省統計局のサイトから入手できる（http://www.stat.go.jp/data/sougou/index.htm）．「政府統計サイトマップ」を通じ，各省庁が作成した諸統計は，それぞれの省庁のホームページからダウンロードできる．都道府県のページを開くと，それぞれの統計サイトにつながる．「外国政府の統計機関」では，各国の統計局へのリンクが張られている．

　e-Stat のなかにある「統計関係リンク集」は，統計に関する多様な情報を満載しており，参考になる（http://www.e-stat.go.jp/SG1/estat/statisticsLinkView.do?method=init）．

　ところで 2007 年 5 月に新統計法が成立したが，この法律により，統計調査の位置づけが，行政のための統計から社会基盤のための統計へとシフトし，今日，公的統計の二次的利用が普及しつつある．学術研究の場合，既存の統計調査で得られた調査票データをもとに，既存の統計表にない新たな統計を提供するサービスが始まった（図 1-3）．公的統計のミクロデータに関心のある方は，窓口になっている（独）統計センターに問い合わせるとよい（http://www.nstac.go.jp/services/archives.html）．国勢調査や住宅・土地統計調査，農林業センサスをはじめ，各種政府統計のオーダーメード集計サービスが受けられる．

　統計調査，社会調査の個票データ（個々の調査票の記入内容：マイクロデータ）を収集・保管する機関として，東京大学社会科学研究所附属社会調査・データアーカイブ研究センター（CSRDA）も注目される（http://ssjda.iss.u-tokyo.ac.jp/）．日本の社会科学における実証研究の支援を目的として，SSJ データ アーカイブ（Social Science Japan Data Archive）を構築し，個票データの提供を行っている．データ検索システムを通して，個票データの概要（調査名，寄託者名，調査対象，主要調査事項など）が得られ，学術目的であれば，そこから「データの二次的利用」を申請できる（http://ssjda.iss.u-tokyo.ac.jp/cgi1/namazu.cgi?lang=ja）．

　立教大学の社会情報教育研究センター（以下 CSI）は，社会調査のデータアーカイブを管理している（https://ruda.rikkyo.ac.jp/dspace/）．"RUDA"（ルーダ）

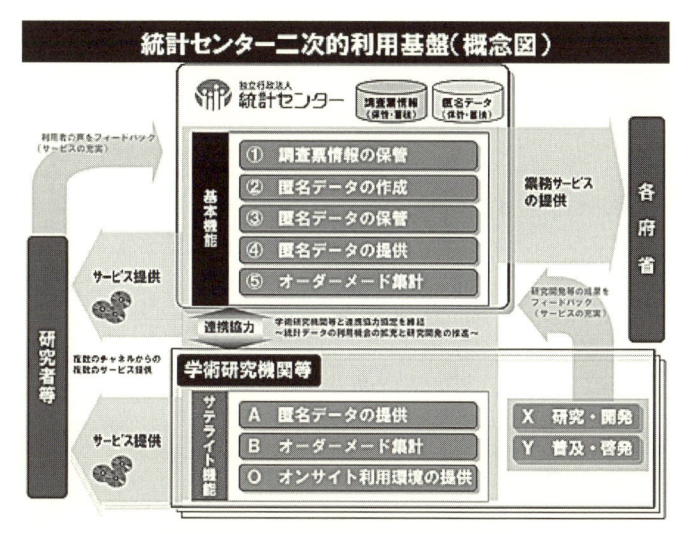

図1-3 公的統計のミクロデータ利用サービス（独立行政法人統計センター）
出典 http://www.nstac.go.jp/services/archives.html

と呼ばれるこのアーカイブは，貴重な公共財産である社会調査データを収集・整理・保管し，研究目的での利用，授業での教育利用のために，データ提供を行っている．

　文献，統計，地図などに関するさまざまな情報を体系的にサーベイする際，役に立つのは国会図書館による「リサーチ・ナビ」である（http://rnavi.ndl.go.jp）．調べるためのツールや有益な情報を指南してくれる．また，ウェブ上で展開する各種データベースへのリンクを提供するゲートウェイ・サービス，Dnavi（国立国会図書館データベース・ナビゲーション）も有用である（http://dnavi.da.ndl.go.jp/bnnv/servlet/bnnv_user_top.jsp）．「統計資料レファレンス・ガイド」（国立国会図書館）は，現在や過去の統計を検索するためのツールや方法を紹介している（http://rnavi.ndl.go.jp/research_guide/cat167/）．

　統計図書館（総務省統計局）では，統計データの所在や使い方，入手方法などに関する相談窓口を設けているので利用するとよい．電話でも電子メールでも相談が可能である（電話：03-5273-1133，電子メール：toukeisoudan@soumu.go.jp）．

　最後に，統計データの入手に役に立つ図書をあげておく．まず，総務省統計局

編 年刊『統計情報インデックス』日本統計協会．5,000を越えるキーワードから，統計調査の検索ができ，必要な統計データがどの刊行物に掲載されているか，発行機関はどこか，またどのような統計表が収録されているか，などが調べられる．「I部　キーワード索引」，「II部　書誌情報」，「III部　統計表題一覧」，「IV部　編集機関別書名索引」の4部構成である．もう1つは，日本能率協会総合研究所マーケティング・データバンク 2005『官庁統計徹底活用ガイド』生活情報センター．官庁統計について，調査対象，調査方法，調査の沿革・変遷などの情報とともに，当該調査からどんな情報を得られるか，Q&A方式で具体的に説明している．質問項目に関連する統計表も収載されている．民間統計については，姉妹版である，日本能率協会総合研究所マーケティング・データバンク 2006『民間統計徹底活用ガイド』生活情報センターを利用するとよい．

≪地図資料≫

地図や空中写真，図面などの情報を調べる際には，まず，国土地理院が運営する地理空間情報ライブラリーにアクセスするとよい（http://geolib.gsi.go.jp/）．このライブラリーは，インターネットにより地理空間情報を利用者に提供する，いわば「仮想的な図書館」である．国・地方公共団体をはじめ，様々な機関が整備した多様な地理空間情報を統合的に検索・入手・利用できる．閲覧可能なコンテンツは，2013年7月現在，174件に達する．

地理空間情報活用推進基本法の成立（2007年5月）を契機に，国土地理院は，基盤地図情報（とくに縮尺2500分の1レベル）の整備と公開を進めている（図1-4）．このデータには，1）測量の基準点，2）海岸線，3）公共施設の境界線（道路区域界），4）公共施設の境界線（河川区域界），5）行政区画の境界線及び代表点，6）道路縁，7）河川堤防の表法肩の法線，8）軌道の中心線，9）標高点，10）水涯線，11）建築物の外周線，12）市町村の町若しくは字の境界線及び代表点，13）街区の境界線及び代表点などの情報が含まれ，市町村別にダウンロードが可能になっている（http://www.gsi.go.jp/kiban/）．

国土地理院の地球地図プロジェクトは，世界各国のデジタル地図情報を整備している．各国の国家地図作成機関が作成した国別のデータ，さらに地球上全陸域をカバーする植生（樹木被覆率）および土地被覆データなどがダウンロードでき

2. データの探し方　9

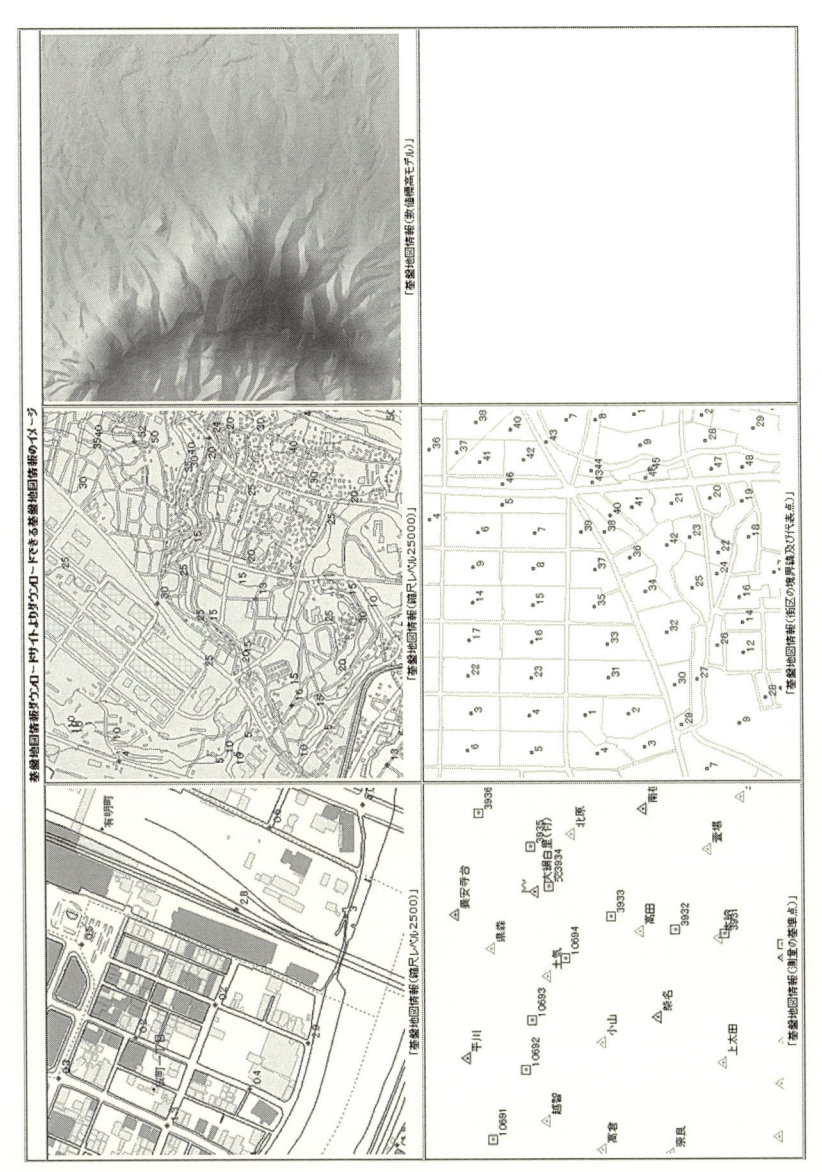

図1-4　国土地理院が提供する基盤地図情報サービス
出典　http://www.gsi.go.jp/kiban/syurui.html

る (http://www1.gsi.go.jp/geowww/globalmap-gsi/)．ベクタデータでは，交通網（道路，トレイル，鉄道，フェリー航路，空港など），水系（内水面，河川，運河，水路，ダムなど），境界（行政域，行政界，海岸線など），人口集中地区（都市域，都市，居住地）などが，ラスタデータでは，標高，植生，土地被覆，土地利用が 1 km メッシュで整備されている．現在，地球地図プロジェクトには 166 国，16 地域が参加している．

　国土計画や国土政策を目的として各種の国土情報を数値化したデータベースには，国土数値情報がある（http://nlftp.mlit.go.jp/index.html）．行政区域，鉄道，道路，河川，地価公示，土地利用メッシュ，公共施設など，国土に関する情報が，メッシュ，市区町村，小地域，地点などさまざまな空間レベルで提供されている．このデータベースには，指定地域（三大都市圏計画区域，都市地域，農業地域，森林地域など），沿岸域（漁港，潮汐・海洋施設，沿岸海域メッシュなど），自然（標高・傾斜度 3 次メッシュ，土地分類メッシュ，気候値メッシュなど），土地関連（地価公示，都道府県地価調査，土地利用 3 次メッシュなど），国土骨格（行政区域，海岸線，湖沼，河川，鉄道，空港，港湾など），施設（公共施設，発電所，文化財など），産業統計（商業統計メッシュ，工業統計メッシュ，農業センサスメッシュなど），水文（流域・非集水域メッシュなど）などの情報が含まれている．

　公共機関が作成したデータは，できれば利用者に無料で提供されることが望ましい．地理空間情報活用推進基本法の成立を境に，国や地方自治体が作成する各種の地理空間データは公共財（社会的基盤）であるとの意識が高まり，デジタルデータの整備とともに，インターネットを通じたデータ提供サービスが広がっている．しかし，詳細な地理空間データは依然として有料であることが多い．民間企業が作成したデータは，高額での購入が強いられるのが実状である．この状況下，東京大学 CSIS（空間情報科学研究センター）による空間データの提供サービスは貴重である．ORAS（共同研究利用システム）を介して，現在，号レベルアドレスマッチング，CSIS 統計データベース，人の流れデータ，ZMap-TownII，国勢調査，事業所・企業統計，統計情報，国勢調査地図データ，アメダス，気象データ，天気図，GISMAP，RAMS-e，テレポイント，マイクロジオデータをはじめ，GIS と親和性の高い多種多様な空間データが提供されている．入手可能な

データの詳細や利用方法については，ホームページを参照されたい（http://www.csis.u-tokyo.ac.jp/japanese/research_activities/joint-research.html）．

統計や地図データのデジタル化は急速に進んでいるが，その多くは第二次世界大戦後のデータであり，戦前のデータはデジタル化が遅れている．とくに，明治初期から昭和初期にかけての地域情報は通時的に得にくいのが実状である．近代日本の形成期における国土変容を把握できる体系的データベースの構築は喫緊の課題といってもよいだろう．筑波大学の空間情報科学研究室では，この状況を踏まえ，近代統計のデータベース化及び旧市町村界をデジタル地図化するとともに（表 1-1），それらのデジタルデータを「歴史地域統計データ」の名称で公開している（http://giswin.geo.tsukuba.ac.jp/teacher/murayama/datalist.htm）．

表 1-1 「歴史地域統計データ」の概要

| データ名 | 時期 | 単位地域 | 提供範囲 | 形式 | 出典 |
| --- | --- | --- | --- | --- | --- |
| **行政界データ** | | | | | |
| 大正・昭和期行政界データ | T・S | 市町村 | 全国 | .shp | 地理調査所『50万分の1市町村界素図』 |
| 行政界変遷データベース | M22〜H18 | 町丁字 | 全国 | .xls | 各種行政界変遷資料 |
| 行政界変遷データベース（地図データ） | M22〜H18 | 市町村 | 全国 | .shp | 「行政界変遷データベース」 |
| 明治24年行政界データ | M23 | 市町村 | 一部 | .shp | 「行政界変遷データベース」 |
| **統計データ** | | | | | |
| 明治期日本全国人口統計データ | M5〜19 | 市郡/府県 | 全国 | .xls | 内務省編『国勢調査以前日本人口統計集成』 |
| 共武政表・徴発物件一覧表 | M13〜40 | 市郡/市町村 | 全国 | .xls | 各年共武政表・徴発物件一覧表 |
| 明治33年日本帝国人口動態統計 | M33 | 府県 | 全国 | .xls | 内閣統計局『明治33年日本帝国人口動態統計』 |
| 明治中期における船舶データベース | M19, 20 | 府県 | 全国 | .xls | 海軍省艦政局海運課編『汽船表』など |
| 第1回国勢調査市町村別データ | T9 | 市町村 | 全国 | .xls | 内閣統計局『第1回国勢調査』 |
| 大正9年日本帝国死因統計 | T9 | 府県 | 全国 | .xls | 内閣統計局『大正9年日本帝国死因統計』 |
| 大正13年・鉄道輸送主要貨物数量 | T13 | 府県 | 全国 | .xls | 鉄道省運輸局『大正13年鉄道輸送主要貨物数量』 |
| 第3回国勢調査都道府県別データ | S5 | 市町村 | 全国 | .xls | 内閣統計局『第3回国勢調査』 |

出典　http://giswin.geo.tsukuba.ac.jp/teacher/murayama/datalist.htm

## 3．ソフトウェアの活用

≪統計解析≫

　高度な統計演算や多変量解析を行う際に，広く活用されているのは，SPSS，SAS，S-PLUS，JMP などの統計パッケージである．また，統計処理に Excel（エクセル）を利用するユーザも多く，メニュー追加型のエクセル統計 2012 などはよく知られている．ただ，これらのソフトウェアはいずれも有償であり，実際の利用にあたって難点である．そこで，ここでは，初心者が気軽に利用できる無償のソフトウェアに絞って紹介する．

　まず，近年利用者が増え，注目を集めているのが R 言語による統計解析である．R 言語はベル研究所（アメリカ合衆国）で開発された S 言語のクローンで，オープンソースである．このため，世界中の研究者が日々改良に努め，洗練されたアプリケーションを提供し，成長を遂げている．Unix, Macintosh, Windows のいずれでも作動する．R 言語にもとづく統計解析について解説するサイトが多数開設されている．初心者には，群馬大学の青木繁伸氏のサイトへのアクセスをお薦めする．R 言語の使い方を体系的に習得できる（http://aoki2.si.gunma-u.ac.jp/R/）．図書では，青木繁伸 2009『R による統計解析』オーム社，加藤　剛 2012『フリーソフト「R」ではじめる 統計処理超入門（知識ゼロでもわかる統計学）』技術評論社，などを推奨する．

　BLACK-BOX は，群馬大学の青木繁伸氏が開発したフリーの統計解析 Web サービスで，インターネットのブラウザ上で統計解析が行える（図 1-5）．相関係数行列，クロス集計，一元配置分散分析，クラスター分析，重回帰分析，判別分析，主成分分析，因子分析，数量化 I 類，数量化 II 類，数量化 III 類，数量化 IV 類などが可能である．また，全国の市町村界の白地図，および市町村コード表が付与されているので，分析結果を容易に主題図として表示できる（http://aoki2.si.gunma-u.ac.jp/map/）．さらに，同氏による Web サイト「おしゃべりな部屋」（http://aoki2.si.gunma-u.ac.jp/）からは，VBA による多変量解析が可能な Excel 形式（*.xls）のファイルをダウンロードすることができる．

　スタンドアローンの統計解析ソフトウェアでは，福山平成大学の福井正康氏が開発した，社会システム分析ソフトウェア－ College Analysis Ver.5.0 を推奨した

図 1-5　WWW 上での統計解析 － BLACK-BOX －
　　　　出典　http://aoki2.si.gunma-u.ac.jp/BlackBox/

い（http://www.heisei-u.ac.jp/ba/fukui/analysis.html）．多変量解析においては，実験計画法（1元配置，Kruskal-Wallis，2元配置，Friedman，ラテン方格，多重比較），時系列分析，共分散構造分析（プロトタイプ＋α），重回帰分析，判別分析，主成分分析，因子分析，クラスター分析，正準相関分析，数量化Ⅰ類，数量化Ⅱ類，数量化Ⅲ類，コレスポンデンス分析などが可能である．OR，意思決定分析もサポートする．Excel で作ったデータをコピー＆ペーストすればよく，使いやすい．

≪GIS（地理情報システム）≫

　上述した統計解析ソフトウェアは，基本的な統計解析，検定，多変量解析などを行うのには適しているが，統計データを可視化したり，分析結果を地図化したり，あるいは空間分析を行う機能は貧弱である．この作業を強力に支援するのが GIS（地理情報システム）である．地域分析においても GIS を積極的に導入したいものである．高機能な高額ソフトウェアから初心者向けのフリーウェアまで幅広く出回っているが，ここでは初心者が手軽に利用でき，無償で使える GIS を紹介しよう．
　地域分析や計量地理学の分析に適している GIS ソフトウェアでは，MANDARA

（地理情報分析支援システム）が広く知られている（http://ktgis.net/mandara/）．Excelなどの表計算ソフトとの親和性が高く，容易にデータを取り込み地図化できる．市区町村単位の白地図デジタルデータが付随しているので，各種統計の演算結果を主題図や円積図として表示することもできる．塗りつぶしや記号，グラフ，等値線など多様な表現方法が備えられている．MANDARAについては，わかりやすい解説書が出版されているので参照されたい（谷　謙二 2011『フリーGIS ソフト MANDARA パーフェクトマスター』古今書院；後藤真太郎・谷　謙二・酒井聡一・坪井塑太郎・加藤一郎 2013『MANDARA と EXCEL による市民のための GIS 講座第 3 版－地図化すると見えてくる－』古今書院）．

（株）ESRIジャパンが提供するArcGIS Explorer Desktopは，地図表示，主題図の作成，3D表示などのビジュアライゼーション機能を備えた無償のGISビューアである（http://www.esrij.com/products/arcgis/desktop/arcgis-explorer-desktop/）．同社が提供する主力製品，すなわちArcGISは，評価が高く世界の学術機関で多用されている（有償である）．日本でも多くの大学でキャンパスライセンスセットが導入され，日々授業に活用されている．まず，無償のArcGIS Explorer DesktopによりGISの機能を一通り習得し，その後本格的にArcGISを学び，空間分析を深めるのがよいかもしれない．

（株）日本スーパーマップが提供するSuperMap Viewer 6（無償）では，主題図の閲覧・作成・編集が可能である（http://supermap.jp/products/download/index.html#viewer6）．基盤地図情報，国土数値情報（JPGIS準拠データ）を読み込める．バッファ生成，オーバーレイ解析，近隣解析（ボロノイ図生成）などの空間解析機能も備えている．

Quantum GIS（QGIS）はGISデータの閲覧，編集，分析機能を有する（http://www.qgis.org/）．クロスプラットフォームのオープンソースソフトウェアであり，Microsoft WindowsだけでなくMac OS XやLinux，UNIXなどのOSでも動作する．最近，利用者が増えている．

このほかにも，無償のGISソフトウェアが多数公開されている．GISによる地域分析と親和性の高いTNTmips Free（http://www.opengis.co.jp/htm/catalog/tntinfo/tntinfo_tntfree.htm）やMapWindow（http://www.mapwindow.org/），GRASS GIS（http://grass.osgeo.org/）なども利用する価値がある．R言語に詳しい読者には，「R で

GIS」のサイトが役に立つ（http://www.okada.jp.org/RWiki/?%A3%D2%A4%C7%A3%C7%A3%C9%A3%D3）．

　GISに関するさまざまな情報を網羅的に入手したい場合には，まずGISポータル・サイトにアクセスするとよい（http://www.gis.go.jp/contents/service.html）．GISで利用できる空間データも検索できる．

# 第Ⅰ部

# 多変量解析で地域の特徴をさぐる

# 第2章

# 地域分析に役だつ多変量解析

　高度情報化社会を迎えた今日，学術分野，産業分野を問わず様々な分野において大規模かつ多様なデータが逐次蓄積され，体系的にデータベースの構築が進んでいる．いわゆる「ビッグデータ」時代の到来である．地域における自然現象・社会現象の要因を解明するには，多種多様なデータを組み合わせて考察することが効果的である．しかし，多変量データは複雑に関連しあっているため，一見しただけでは変数間の因果関係などを把握することは難しい．したがって，有益な情報や法則性を見出すためのデータ処理が必要不可欠である．その手法として多変量解析 [Multivariate Analysis] はきわめて有効である．多変量解析は地域分析，データ解析において必須のツールになっている．

　今日，研究者にとどまらず学生，一般市民にもパソコンが広く浸透している．多変量解析のパッケージも各ソフトメーカーから数多く提供されており，Webからもフリーで利用できるソフトウェアを入手できる．分析手順などを示した解説が同封されていたり，Web上で公開されていたりするため，初心者でも簡単な操作でデータを分析できる環境が整っている．

　第Ⅰ部では，地域分析において用いられる多変量解析の諸手法を紹介し，事例をまじえながら各手法の地理学における有効性について概説する．


## 1．多変量解析とは

　多変量解析は，複雑に関連しあう多変量データを統計的に解析することによって，データの構造をより低い次元に縮減したり，データの背後に潜む潜在的な構造を見出したりするための数学的手法である．多変量間の関連性を考慮しながら，

計量的操作によって，客観的で意味のある基準を導出することをめざす．多変量データで特徴づけられる個体を多次元空間に位置づけるという意味で，多変量解析は多次元解析ともよばれる．

多変量解析の理論的研究は，20世紀初頭にまでさかのぼる．しかし多変量解析の諸手法を適用した実証研究が盛んになったのは，大型計算機が普及して，複雑な計算手続きを正確にしかも短時間で処理することが可能になった1960年代後半以降のことである．現在では，多変量解析は，地理学をはじめ，心理学，社会学，人類学，言語学，政治学，経済学，医学，生物学，農学，社会工学など幅広い学問分野で利用されている．

多変量解析では，分析の目的や対象によってさまざまな手法が開発されてきた．地域分析に多用されてきた手法としては，重回帰分析，主成分分析，因子分析，多次元尺度構成法，正準相関分析，数量化理論，クラスター分析，分散分析，潜在構造分析，判別分析などがあげられよう．

多変量解析の諸手法に共通する目的は，(1) 事象の簡潔な記述と情報の圧縮（次元の縮小），(2) 事象に対する未知要因の効果とその影響の強さの推定，(3) 未知のデータの判別と分類，にある（柳井晴夫1994『多変量データ解析法－理論と応用』朝倉書店）．また，柳井によれば，多変量解析は，形式的には，(1) 外的基準，すなわち予測や判別の対象となる基準の有無，(2) 変数の尺度の差異，すなわち質的データであるか量的データであるか，(3) 分析に用いる変数の個数，の3つの基準の組み合せによって分類できるという．これら3つの目的と分類を組み合わせると，図2-1のように類型化できる（芝　祐順・渡部　洋・石塚智一編1984『統計用語辞典』新曜社）．

図2-1において，「外的基準がある」ということは，変量合成のために測定した変量以外に，変量合成の妥当性を判定するための別の変量が用意されていることを意味する．一方，「外的基準がない」ということは，外的基準変量が存在しないので，もとのデータ行列を構成するいくつかの変量あるいは測定対象間の相互関係にのみ着目して合成変量を作り出すことを意味する．

測定データは，質的データと量的データとに大別できる．質的データは，名義尺度や順序尺度で表現された数量化できないデータである．例えば，名義尺度であれば性別や出身地，順序尺度であれば賛成・反対の程度などである．一方，量

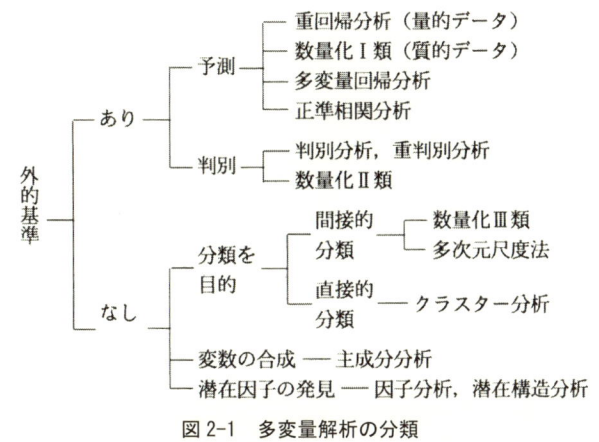

```
                      ┌─ 重回帰分析（量的データ）
              ┌─ 予測 ├─ 数量化Ⅰ類（質的データ）
              │       ├─ 多変量回帰分析
       ┌─ あり┤       └─ 正準相関分析
       │      │
       │      └─ 判別 ┬─ 判別分析，重判別分析
  外   │              └─ 数量化Ⅱ類
  的 ──┤
  基   │              ┌─ 間接的 ┬─ 数量化Ⅲ類
  準   │      ┌ 分類を│ 分類    └─ 多次元尺度法
       │      │ 目的  │
       └─ なし┤       └─ 直接的 ─── クラスター分析
              │         分類
              ├─ 変数の合成 ─── 主成分分析
              └─ 潜在因子の発見 ─── 因子分析，潜在構造分析
```

図 2-1　多変量解析の分類
出典　芝　祐順・渡部　洋・石塚智一編 1984『統計用語辞典』新曜社，p.161

的データは数量化されたデータを示し，間隔尺度や比例尺度を対象とする．たとえば年齢や収入などが挙げられる．

## 2．地域分析における多変量解析の歴史

　計量的手法を導入し地域事象の空間的秩序・規則性の解明をめざす計量地理学（地域分析論）は，1950年代後半以降，アメリカ合衆国を中心に著しい発展をみせた．ギャリソン，マーブル，イェーツ，キング，ベリー，モリル，トブラー，アルマン，テーフといった計量地理学者が，その発展の先導的な役割を果たした．彼らは，法則定立的な立場から一般法則の探求をめざした．その理論構成のための分析手続きとして彼らが広く利用したのが，多変量解析の諸手法であった．

　地域分析に多変量解析を積極的に導入したのはシカゴ大学のベリーであった．1960年代，彼は地理行列 [Geographical Matrix] の概念を提示し，中心地の分類，交通ネットワークの分析，等質・結節地域の設定などに多変量解析の諸手法を応用した．ベリーは，1968年に公表した論文「空間的行動の一般場理論」におい

て，多変量解析の諸手法を適用し，空間的相互作用と空間的構造との相互関連性を巧みに説明している（B. J. L. Berry 1968. Interdependency of spatial structure and spatial behavior: A general field theory formulation. *Papers and Proceedings, Regional Science Association* **21**: 205-227）．

　1960年代から70年代前半にかけて，アメリカ合衆国では，多変量解析を用いた実証研究が蓄積された．さらに多変量解析の新たな手法も開発され，その全盛期をむかえた．1960年代後半になると，日本でも多変量解析を利用した実証研究が行われるようになった．都市の内部構造を把握するために主成分分析が用いられ，また地域間の連結性を重力モデルにより明らかにするために重回帰分析が使われた．1970年代になると，都市の因子生態や等質的地域区分のために因子分析・クラスター分析が，そして土地利用形態の分類のために判別分析などが用いられた．1970年代後半になると，日本の地理学界では，メンタルマップや消費者選好の分析に数量化理論が適用されるようになった．さらに1980年代には，空間的拡散研究や近接性の分析に多次元尺度構成法が導入された．

　多変量解析は現在でも進歩し続けており，コンピュータ性能の向上も相まって，共分散構造分析，自己組織化マップ，ニューラルネットワークといった新機軸の手法を適用した研究も多くみられ，地理学界に広く浸透するに至っている．なお，多変量解析の1手法である構造方程式モデル（共分散構造分析とも呼ばれる）は，従来の手法に比べて飛躍的に優れているために，「第2世代の多変量解析」と呼ばれている（豊田秀樹1998『共分散構造分析＜入門編＞－構造方程式モデリング－』朝倉書店）．表2-1は，基本的な多変量解析の諸手法とそれらの地理学における適用例を示したものである．

## 3．多変量解析と地理行列

　多変量解析は，地理行列の作成からスタートする．地理行列は，基本的には属性行列，相互作用行列，相互作用型属性行列の3種類で構成される（図2-2）．$m$行$n$列からなる「属性行列」は，行に$m$個の地域，列に$n$個の地域属性を配した行列である．都市の機能分類を例にとれば，行に都市群，列に人口，人口密度，

表2-1 地理学における多変量解析の適用例

| 分析モデル | 分析の目的 | 分析に使うデータの特性 ||| 関連行列 | 地理学における適用例 |
| --- | --- | --- | --- | --- | --- | --- |
| ||データ行列|||||
| ||内部変量|外部基準変量||||
| 重回帰分析 | 内部変量 $x_1 \sim x_n$ と外的基準変量（予測変量）y との因果関係の分析による y の予測. | $x_1 \sim x_n$ 量的 | y 量的 | なし | ・人口移動の要因分析<br>・重力モデルの設定 |
| 判別分析 | 内部変量 $x_1 \sim x_n$ と外的基準変量（分類）y との因果関係の分析による y の判断（分類）. | $x_1 \sim x_n$ 量的 | y 質的分類 | なし | ・土地利用の判別 |
| 数量化理論Ⅰ類 | 重回帰分析と同じ（質的データによる因果関係の分析と予測おょびデータの数量化）. | $x_1 \sim x_n$ 質的 | y 量的 | なし | ・消費者行動の分析 |
| 数量化理論Ⅱ類 | 判別分析と同じ（質的データによる外的基準変量の判別・分類とデータの数量化）. | $x_1 \sim x_n$ 質的 | y 質的分類 | なし | ・消費者買物行動の規定要因 |
| 正準相関分析 | 内部変量 $x_1 \sim x_n$ と複数個の外的基準変量 $y_1 \sim y_m$ との相関関係の分析による外的基準変量の総合的予測（重回帰分析の拡張）. | $(x_1 \sim x_n 量的)^*$ | $(y_1 \sim y_m 量的)^*$ | 相関行列 | ・地理的場理論<br>・等質地域と結節地域の相互関係 |
| 主成分分析 | 内部変量 $x_1 \sim x_n$ に共通する変動（主成分）の抽出とそれによる内部構造の解明. | $x_1 \sim x_n$ 量的 | なし | 相関行列<br>共分散行列 | ・都市の分類<br>・都市構造の要約 |
| 因子分析 | 内部変量 $x_1 \sim x_n$ の背後にある因子 $f_1 \sim f_r$ の抽出とそれによる内部構造の解明. | $(x_1 \sim x_n 量的)^*$ | なし | 相関行列 | ・因子生態<br>・結節地域の設定 |
| 潜在構造分析 | 内部変量 $x_1 \sim x_n$ の背後に潜在する潜在クラスなどの抽出とそれによる測定対象の分類. | $x_1 \sim x_n$ 質的（二値反応） | なし | 類似度行列<br>（同時反応行列） | ・人間行動の分析 |
| 数量化理論Ⅲ類 | 内部変量の相互関係に着目して測定対象の数量化とそれによる空間の構成. | $x_1 \sim x_n$ 質的 | なし | 類似度行列<br>（同時反応行列） | ・メンタルマップ<br>・選好空間の摘出 |
| 数量化理論Ⅳ類 | 測定対象あるいは変量の数量化とそれらを配置する空間（尺度）の構成. | $(x_1 \sim x_n 量・質的)^*$ | なし | 類似度行列 | ・認知距離の分析 |
| クラスター分析 | 測定対象のクラスター化（セグメント分類あるいは系統分類）. | $(x_1 \sim x_n 量・質的)^*$ | なし | 類似度行列<br>距離行列 | ・等質地域の設定<br>・都市の階層的構造 |
| 多次元尺度構成法 | 評価者と評価対象を同時に布置できる良い空間（尺度）の構成とそれによる数量化. | $x_1 \sim x_n$ 量・質的 | なし | （類似度行列）* | ・空間的拡散研究<br>・近接性の分析 |

（注）＊印はかならずしも存在しなくてもよいデータを示す.
出典 本多正久・島田一明 1977『経営のための多変量解析法』産業能率短期大学出版部, p.17 を一部改変

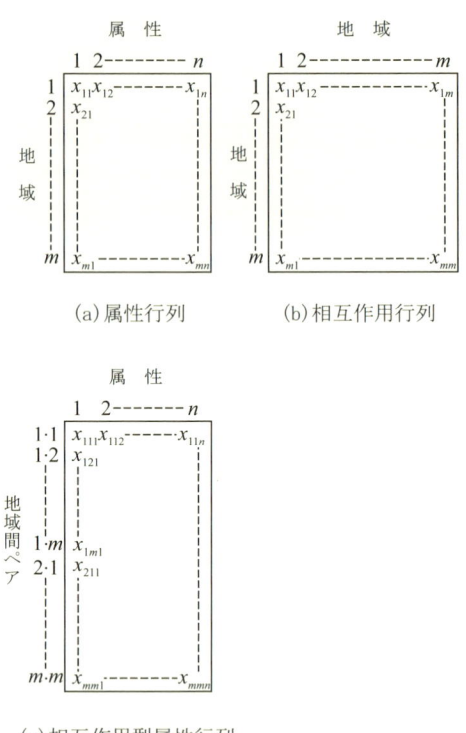

図 2-2 地理行列とその種類

産業構成，世帯構成などの変数が並ぶ．

「相互作用行列」には，連結行列・距離行列・起終点（O－D）行列などいくつかのタイプが存在する．連結行列は，結節点（ノード）と別の結節点との間が連鎖線（リンク）によって連結されているかいないかを，0 と 1 のバイナリー（繋がっていれば 1，繋がっていなければ 0）で示したものである．距離行列は，2 地域間の距離を行列で示したもので，通常は対称行列（もしくは三角行列）になる．数値には，物理的距離，費用距離，時間距離などが考えられる．また，時間距離などの場合は移動する方向で値が変わる可能性があるため，非対称行列になることもある．起終点行列は，2 地域間の流動量を行列の形で示したもので，通常非対称である．旅客・貨物・資金・情報・人口などの流動が想定される．「相互作用型属性行列」は，行に地域間ペア，列に地域属性を配したデータである．

この行列は，相互作用行列に地域属性の変数を加えた3次元の行列体を2次元化したものであり，属性行列と相互作用行列とを統合した行列ともいえる．

## 4．多変量解析をどう利用するか

　地区群を対象に，多変量解析を適用して地域分析を行うとしよう．この場合，最初の作業は，データを収集して，地区群を対象にした地理行列を作成することである．時系列的にデータを集計し，時間軸を加えた行列体に拡張（または年次ごとに地理行列を作成）できればベストである．実際は，時間の経過に伴って，地区の境界が変わったり，属性変数の定義が変わったりして，完全な地理行列体を構築するのは困難を伴う．

　多様な地区群からなる地域を対象に，等質的な地域区分を行う．伝統的な手法では，地域の特性を最もよく示す単一指標（変数）を選択し，この指標に基づき地区群を分類し地域区分を行うのが一般的であった．しかしながら，地域は多様な地理的現象が複雑に絡み合った複合的特性を示しており，何が最適な指標であるかを判断するのは難しい．そこで，多変量解析を利用した定量的な地域区分法が開発された．作成した地理行列をデータとして，主成分分析や因子分析，クラスター分析などを駆使することによって，より説得力のある地域区分が可能になった．

　ついで，同じ地域を対象に機能（結節）的な地域区分を行う．この場合，相互作用行列の作成からスタートする．伝統的な方法では，地区ごとに最大発（着）流動に着目して地区間の結びつきの程度を判断した．多変量解析を援用し，因子分析やクラスター分析を相互作用行列に適用すれば，より客観的で説得力のある地域区分が行えるのである．

　さらに，多変量解析により導かれた等質的地域区分と機能的地域区分の対応関係を定量的に把握したい場合には，正準相関分析の適用が考えられよう．また，地区群の類型化が，いかなる要因に基づくのかを解明しようとするならば（当然ながら，さまざまな諸要因が複雑に絡み合っている），重回帰分析を用いることで説得力のある要因分析が可能になる．

地域における住民の空間認識やメンタルマップ，消費・日常行動を知りたい場合には，多次元尺度構成法や判別分析などの利用が考えられよう．アンケート調査などにより集計された質的データの場合には，数量化理論を適用した質的解析が有効である．

次章は回帰分析，第4章は因子分析，第5章はクラスター分析，第6章は正準相関分析，第7章は多次元尺度構成法，第8章は数量化理論，そして第9章はその他の多変量解析について説明する．7章にわたって，多変量解析の有用性を地理学における具体的な事例をもって示したい．

## 5．多変量解析の参考文献

多変量解析について，初心者向けにわかりやすく解説した書籍として，石村貞夫1992『すぐわかる多変量解析』東京図書，長谷川勝也2004『イラスト・図解 ゼロからはじめてよくわかる多変量解析』技術評論社，丹慶勝市2005『図解雑学 多変量解析』ナツメ社，大村 平2006『多変量解析のはなし－複雑さから本質を探る（改訂版）』日科技連，石村貞夫・石村光資郎2007『入門はじめての多変量解析』東京出版，涌井良幸・涌井貞美2011『多変量解析がわかる』技術評論社，などを推薦したい．

多変量解析の計算手続きを数学的に説明した入門書としては，朝野熙彦2000『入門 多変量解析の実際 第2版』講談社，永田 靖・棟近雅彦2001『多変量解析法入門』サイエンス社，小西貞則2010『多変量解析入門－線形から非線形へ』岩波書店，などが参考になろう．

実際の適用例やソフトウェアを用いて，計算手続きを解説した書籍では，内田 治2000『すぐわかるEXCELによる多変量解析』東京図書，太郎丸 博2005『人文・社会科学のためのカテゴリカルデータ解析入門』ナカニシヤ出版，小椋將弘2006『Excelで簡単多変量解析－データ入力一発解答』講談社，菅 民郎2007『Excelで学ぶ多変量解析入門』オーム社，村瀬洋一・髙田 洋・廣瀬毅士2007『SPSSによる多変量解析』オーム社，中村永友・金 明哲2009『多次元データ解析法（Rで学ぶデータサイエンスシリーズ）』共立出版，兼子 毅

2011『Rで学ぶ多変量解析』日科技連出版社，B. エヴェリット著，石田基広他訳 2012『RとS-PLUSによる多変量解析』丸善，などがある．

　現在の多変量解析の研究動向，最新の応用例，あるいは新しい手法の開発など，より高度な情報を入手したい読者には，次の3つの学会誌が参考になろう．(1) 日本行動計量学会（雑誌「行動計量学」，「Behaviormetrika」，ともに年2回発行），(2) 日本統計学会（雑誌「日本統計学会誌」，「Journal of Japan Statistical Society」，近年はそれぞれ年1回発行），(3) 応用統計学会（雑誌「応用統計学」，年3回発行）．

　地理学の書籍では，大友　篤 1997『地域分析入門（改訂版）』東洋経済新報社，吉岡　茂・千歳壽一 2006『地域分析調査の基礎』古今書院．などが参考になる．そのほか，日本建築学会編 1987『建築・都市計画のための調査・分析方法』井上書院も，地域分析における多変量解析を扱っている．

　英語で書かれた地理学の出版物では，R. J. Johnston 1978. *Multivariate Statistical Analysis in Geography*. Longman, London が平易で理解しやすい．CATMOG-Concepts and Techniques in Modern Geography（Geo Books, Norwich）のシリーズにおいても，多変量解析の地理学的な応用例が示されている．現在，このシリーズは，全59冊が無償でダウンロードできる（http://qmrg.org.uk/catmog/）．

# 第3章

# 地域事象の予測／説明に役だつ回帰分析

## 1. 回帰分析とは

　地価や土地の生産性，物資の流動などがどのような地理的要因によって規定されているか，を定量的に調べたいと思う読者は多いだろう．

　人口移動を分析する場合，2地域間の流動を規定する要因としては，地域間の距離や賃金格差，就業機会の差，所得格差などが考えられる．しかし，これらの要因だけで，人口移動現象のどのくらいの割合が説明できるだろうか．また，これらの中で最も大きな要因は何であろうか．このような問いかけに答えるのが，「回帰分析」である．因果関係を数学的に解析することを意図しており，多変量解析の中では最も利用頻度が高く，基本となる分析方法である．

　回帰分析は，変動の構造を定量化する手段の1つである．ある変数の振る舞いをそれと関連する諸変数の変動を通じて明らかにする．原因と考えられる変数（説明変数）と，結果となる変数（被説明変数）との間に一方的な因果関係が存在すると仮定し，結果となる変数の変動は，1個あるいは複数個の説明変数によって規定されるとする．説明変数の変動が原因となって被説明変数が変動するとみなすので，説明変数は「独立変数」，被説明変数は「従属変数」とも呼ばれる．

　回帰分析は，被説明変数 $y$ とそれに影響を与える $x_1, x_2, \ldots, x_p$ の $p$ 個の説明変数群との間に回帰式，

$$y = a_0 + a_1 x_1 + a_2 x_2 + \cdots + a_p x_p + e \tag{1}$$

を構築する．回帰分析は，理論値と観測値の相関係数を最大化する基準で未知の係数 $a_1, a_2, \ldots, a_p$ を推定することにより，説明の対象となる変数 $y$ と原因となる変数 $x_1, x_2, \ldots, x_p$ との回帰関係を明らかにする．

式（1）の係数 $a_1, a_2, \ldots, a_p$ を「偏回帰係数」，$a_0$ を「切片」と呼ぶ．偏回帰係数が導かれれば，特定の説明変数の組 $x_1^*, x_2^*, \ldots, x_p^*$ に対応する理論値 $\hat{y}$ は次のように定式化される．

$$\hat{y} = a_0 + a_1 x_1^* + a_2 x_2^* + \cdots + a_p x_p^* \tag{2}$$

被説明変数の値 $y$ と理論値 $\hat{y}$ との差を残差という．最小二乗法を用いて，残差の平方和が最小になるように理論的直線，すなわち回帰直線を求める．この直線へのあてはまりの程度は，「重相関係数」によって示される．重相関係数の2乗は「決定係数」（寄与率）と呼ばれ，これは回帰式の説明力を示す．なお統計学では，被説明変数の値 $y$ と理論値 $\hat{y}$ との差は「誤差」として扱われるが，地理学においては「残差」は地域の特徴を示す指数の1つとして扱われることにも留意しておきたい．

回帰分析では，通常，被説明変数 $y$ を規定する説明変数 $x$ が複数存在するが，それが1つの場合も考えられる．説明変数が1つの回帰分析をとくに，「単回帰分析」といい，説明変数が多数ある場合を「重回帰分析」と呼ぶ（本多正久・島田一明 1977『経営のための多変量解析法』産業能率大学出版部）．

式（2）における偏回帰係数（$a_1, a_2, \ldots, a_p$）は，原測定値の単位尺度によって左右されるので，回帰式における諸説明変数それぞれの相対的重要性をその係数値から判定するのは適切でない．したがって，被説明変数に対してどの説明変数が最も強い影響力を有しているかを判断する際には，すべての説明変数データを一定の基準で標準化し，偏回帰係数の大きさが測定単位によって左右されないようにしなければならない．このため，一般には，各変数を平均0，分散1となるように基準化した「標準偏回帰係数」を用いる．

回帰分析におい最も重要なことは，説明変数をどのように選ぶかである．被説明変数と説明変数との関連が深いこと，説明変数間の相関はできるだけ小さいこと，説明変数の数はあまり多くないこと，などに留意する必要がある．

変数選択の方法には，(1) 変数指定法，(2) 総当たり法，(3) 逐次選択法，(4) 指定・選択結合法などがある．この中で，一定の規則にしたがって変数を順次選択し，統計的にみて最も適合性のよい変数の組を選び出す (3) の逐次選択法（ステップワイズ法）は，地域分析で多用され，評価も高い．

## 2．単回帰分析の適用

　本節では，単回帰分析を適用した地理学における研究事例を紹介する．距離減衰効果，クラークモデル・ニューリングモデル，成長曲線を取り上げる．

### ≪距離減衰効果の検討≫

　生活関連施設へのアクセシビリティ（近接性）の満足度により生活利便性の評価を試みた田中の研究を紹介しよう（田中耕市 2001．個人属性別にみたアクセシビリティに基づく生活利便性評価－福島県いわき市を事例として．地理学評論 **74**A: 264-286)．

　田中は，移動距離の増加によるアクセシビリティ満足度の距離減衰効果が施設別・移動手段別にどう異なるかを，単回帰分析を用いて検討した．施設 $f$ へのアクセシビリティ満足度 ($y_f$) を被説明変数，交通手段 $m$ による移動時間 ($t_m$) を説明変数として，回帰式

$$y_f = at_m + b \tag{3}$$

を施設別・交通手段別に導出した．そして，回帰係数 $a$ および切片 $b$ の値を比較し，距離減衰効果がどのように現れるかを考察した．

　回帰分析の結果は表 3-1 に示される．図 3-1 は，施設ごとにアクセシビリティ満足度を $y$ 軸，移動時間を $x$ 軸にとって描いた散布図である．自家用車利用に比べて自転車利用や徒歩利用の方が回帰係数は高い値を示し，回帰直線の傾きも急である．したがって，自家用車よりも自転車や徒歩を利用する方が，アクセシビリティ満足度に対する移動時間の距離減衰効果が高い傾向にある．この背景には，自家用車に比べて，徒歩や自転車による遠距離移動は施設利用者にとって負担になり，長距離の移動は行われないという現状がある．施設別に比較すると，医療機関や運動施設，公園などは他の施設に比べて回帰係数が小さく，回帰直線の傾きも緩やかである．一方，金融機関や美容院・理髪店は回帰係数が大きく，回帰直線の傾きも急である．このことから，利用者にとって前者を利用する際は移動時間を負担に感じないが，後者を利用する際は長距離の移動を避けることがうかがい知れる．

表 3-1 移動手段別にみたアクセシビリティ満足度に関する回帰分析の結果

a) 自家用車

| 目的地 | 回帰係数 | 切片 | 決定係数 |
|---|---|---|---|
| 最寄品の買物先 | 2.92** | 93.50** | .882 |
| 買回品の買物先 | 2.44** | 91.46** | .860 |
| 医療機関 | 1.83* | 85.05** | .749 |
| 金融機関 | 2.16** | 88.34** | .960 |
| 美容院・理容店 | 2.42** | 88.02** | .827 |
| 公園 | 1.25** | 68.12** | .599 |
| 運動施設 | 1.82** | 80.52** | .737 |

**1%水準で有意　*5%水準で有意

b) 自転車

| 目的地 | 回帰係数 | 切片 | 決定係数 |
|---|---|---|---|
| 最寄品の買物先 | 4.95 | 107.08* | .969 |
| 買回品の買物先 | 1.82 | 86.34** | .623 |
| 医療機関 | 2.49* | 86.00** | .739 |
| 金融機関 | 3.03* | 97.36** | .936 |
| 美容院・理容店 | 2.90* | 92.70** | .724 |
| 公園 | 2.02 | 93.70 | .350 |
| 運動施設 | 3.69 | 113.85** | .795 |

**1%水準で有意　*5%水準で有意

c) 徒歩

| 目的地 | 回帰係数 | 切片 | 決定係数 |
|---|---|---|---|
| 最寄品の買物先 | 2.43* | 96.69** | .704 |
| 買回品の買物先 | 2.03** | 100.26** | .826 |
| 医療機関 | 1.60* | 94.03** | .728 |
| 金融機関 | 3.31** | 104.16** | .969 |
| 美容院・理容店 | 3.33** | 103.09** | .938 |
| 公園 | 2.42** | 101.74** | .821 |
| 運動施設 | 2.08* | 98.84** | .724 |

**1%水準で有意　*5%水準で有意

出典　田中耕市 2001. 個人属性別にみたアクセシビリティに基づく生活利便性評価－福島県いわき市を事例として. 地理学評論 74A, p.273

2. 単回帰分析の適用　33

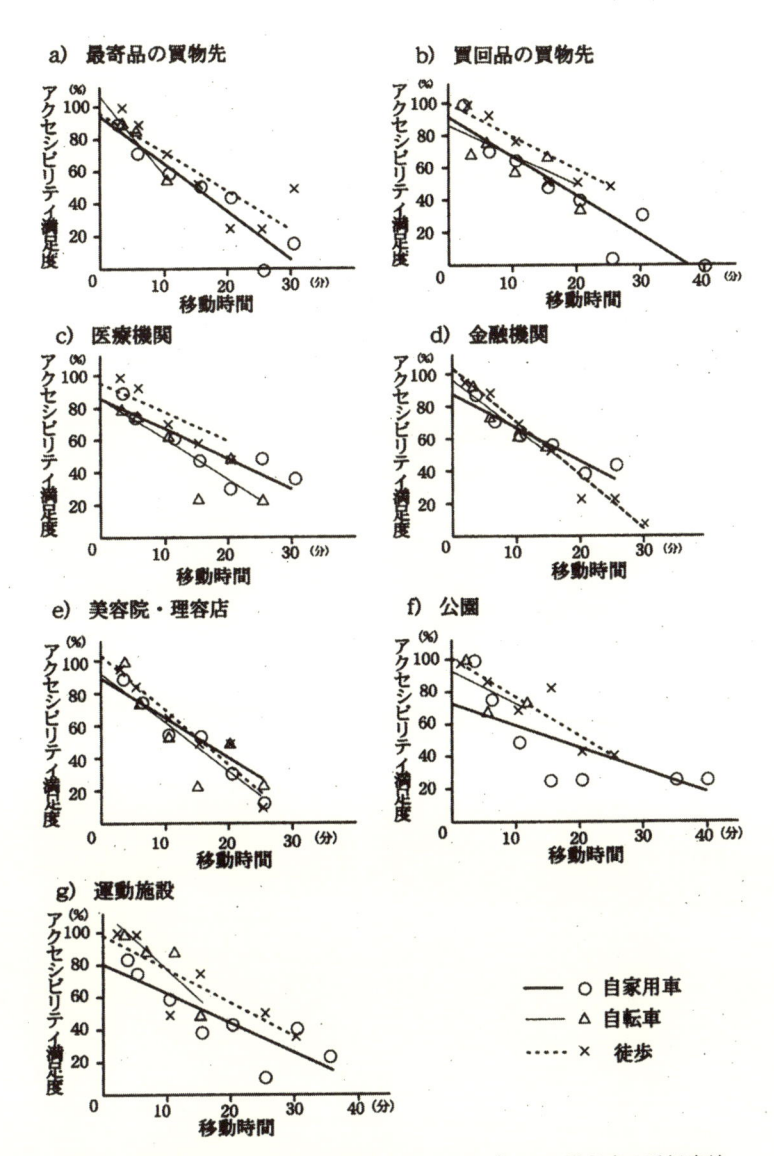

図 3-1　移動手段別にみた各施設へのアクセシビリティ満足度の近似直線
出典　田中耕市 2001. 個人属性別にみたアクセシビリティに基づく生活利便性評価－福島県いわき市を事例として. 地理学評論 74A, p.274

≪クラークモデル・ニューリングモデル≫

　次に紹介するのは，都市内部の人口密度分布を解析した事例である．一般に都心が最も人口密度が高く，郊外に向かうにつれてその値はなだらかに減少する．こうした都市内人口密度分布の解析において，単回帰分析は有用である．「クラークモデル」はその代表である．都心からの距離と人口密度との関係は次式で示される．

$$dr = d_0 e^{-ar} \tag{4}$$

　ここで，$r$ は都心からの距離，$dr$ は距離 $r$ における人口密度，$d_0$ は都心における理論的人口密度，そして $a$ は人口密度の傾斜度である．このクラークモデルは，対数を用いて式を変形することで，人口密度と距離に関する単回帰分析とみなすことが可能である．

　さらにこのクラークモデルをさらに発展させたのが，「ニューリングモデル」である．これは，都心部における人口のドーナツ化現象をモデル式に取り込んだものである．クラークモデルの指数部が距離 $r$ の1次式なのに対し，ニューリングモデルでは2次式で示される．

$$dr = d_0 e^{br-cr^2} \tag{5}$$

　このモデルは2次方程式で示されるため，対数変換後の回帰式は直線ではなく曲線になる．本節では，ニューリングモデルを利用して大都市圏における人口密度曲線を検討した研究を取り上げよう（山神達也 2006．大都市圏スケールにおけるニューリングモデルの適用－東京と大阪を事例として．立命館地理学 **18**: 1-15）．図3-2は，東京および大阪の標準都市雇用圏（SMEA: Standard Metropolitan Employment Area）において，1965年から2000年までの5カ年分の人口密度曲線をニューリングモデルに基づいて描画したものである．東京では1965～1995年にかけて都心部の人口密度は急激に減少するとともに曲線の傾きが緩やかになっているが，2000年には都心部の人口密度が若干上昇している．一方，大阪では，都心の人口密度がゆるやかに低下する程度であり，全体的な形状にあまり変化はみられない．山神はこの結果から，1995年までは東京，大阪とも人口の分散傾向が認められるが，それ以降，東京では都心に人口が再集中するとともに，

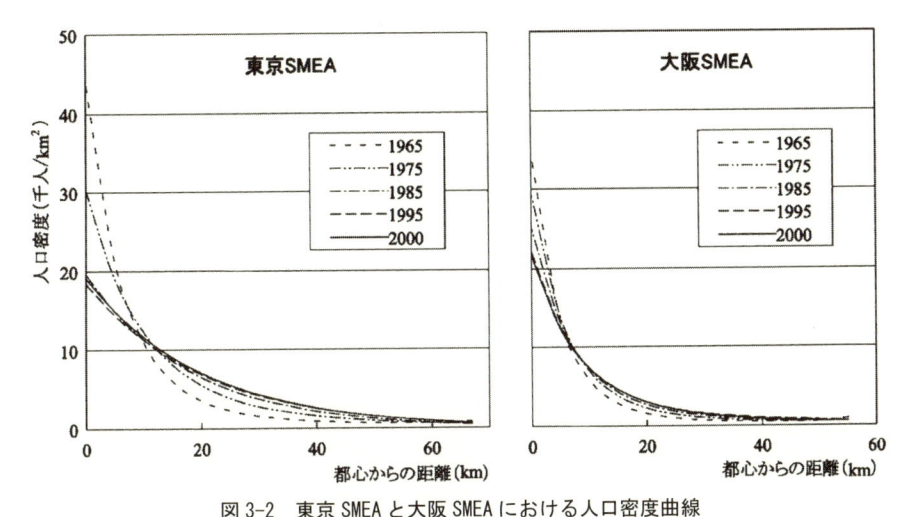

図 3-2 東京 SMEA と大阪 SMEA における人口密度曲線
出典 山神達也 2006. 大都市圏スケールにおけるニューリングモデルの適用－東京と大阪を事例として. 立命館地理学 **18**, p.8

人口密度分布の距離連続性が保たれている，と指摘している．このように，都市による人口分布の時系列的変化を，定量的に示すことが可能である．都市人口の順位・規模をモデル化する際にも，回帰線の推定に単回帰分析が利用される．

≪成長曲線モデル≫

単回帰分析を利用したもう1つの事例として，「成長曲線モデル」を紹介しよう．このモデルは，時間の経過に伴い，諸事象がいかに生成・成長・安定・衰退していくか，それらの過程を追うことを目的とする．

「ロジスティック曲線」は，その代表的なモデルであり，需要分析，産業の成長，人口の増加過程，空間的拡散の分析などに活用されてきた．ロジスティック曲線は，次式で示される．

$$y_t = \frac{\vartheta}{1 + y_0 e^{-bt}} \tag{6}$$

$y_t$ は時間 $t$ における $y$ 値（累積比率），$y_0$ は $t$ が 0 における $y$ 値，$b$ は時間の経過に伴う $y$ 値の増加率を示す係数，$\vartheta$ は $y$ の推定最大値である．この式は，対数変換により線形の単回帰式に帰着する．ロジスティック曲線は，$t = \log\frac{y_0}{b}$ の変

曲点に達するまでは加速度的に成長し，変曲点で変化率 $\frac{b}{2}$，累積比率 $\frac{1}{2}$ に達する．変曲点を越えると成長の伸びはゆるやかになっていき，やがて累積比率の飽和水準1に近づくという成長パターンを描く．

ここでは，空間的拡散分析へ応用した例を取り上げよう．村山は，ライオンズ・クラブがいかなる空間的規則性を有しながら日本国内に広がっていったかを，ロジスティック曲線を利用して分析した（村山祐司1982．都市群システムにおけるイノベーションの拡散チャンネル－ライオンズ・クラブを指標として．東北地理 **34**: 224-235）．

対象としたのは，DID（人口集中地区）の人口が3万以上の208都市である．人口規模別に，25万以上の都市（23都市），10～25万の都市（53都市），5～10万の都市（67都市），3～5万の都市（65都市）の4階層に区分し，それぞれの階層ごとにロジスティック曲線を回帰させた（図3-3）．その結果，図中に示される4つのロジスティック方程式が得られた．

この結果から，人口階層別に明確な拡散パターンのずれが生じていることが認められる．人口規模が大きい都市ほど，拡散時期が早いことが読みとれる．曲線

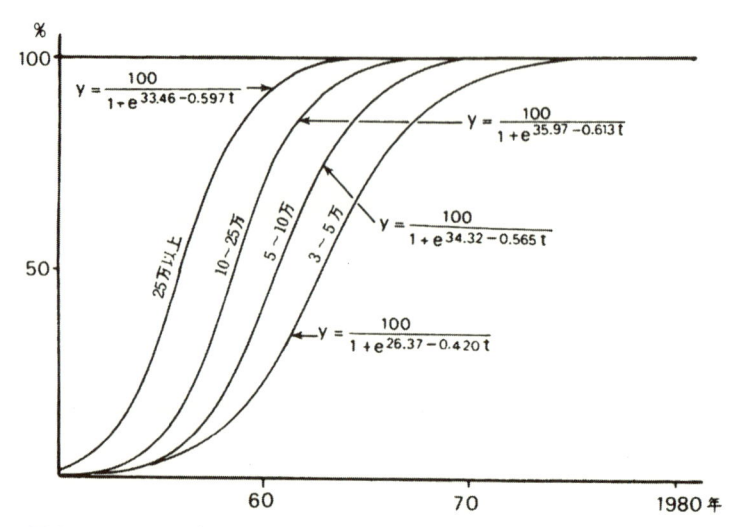

**図3-3 ライオンズ・クラブの拡散における人口階層別ロジスティック曲線**
出典 村山祐司1982．都市群システムにおけるイノベーションの拡散チャンネル－ライオンズ・クラブを指標として．東北地理 **34**, p.229

の勾配をみると，bが0.613と10～25万人の階層で最も急勾配である．したがって，拡散速度は人口10～25万の階層で最も急速である一方，人口3～4万の階層で最も緩慢であることがわかる．

成長曲線に関しては，1825年にイギリスの人口統計学者ゴンペルツにより定式化された「ゴンペルツ曲線」も，地域分析において有用度が高い．さらに近年では，データの持つ位置情報を加味した地理的加重ロジスティック回帰モデル[Geographically Weighted Logistic Regression: GWLR]なども開発されている．

## 3．重回帰分析の適用

重回帰分析は，計量革命以来，多くの地域分析に用いられてきた．人口移動・物資流動・旅客流動などが生じる要因の分析，各種産業の立地状況，地価や犯罪率の要因分析，土地利用の構造解析，小売・卸売業の分布要因，選挙投票結果の要因解析，農業経営・土地生産性の分析など，枚挙に暇がない．

ここでは，山間集落の過疎化過程における地域的差異を検証した研究をとりあげ，地理学における重回帰分析の有用性を考察しよう（作野広和1994．広島県山間集落における過疎化過程の地域的差異．人文地理 **46**: 22-42）．過疎化は，複雑に関連する諸条件の作用の結果生じる複合的な現象である．したがって重回帰分析を用いることで，このような錯綜する諸条件の中からどれが最も影響しているかを抽出することが可能になる．

図3-4は，過疎地域指定を受けた広島県の40市町村内2,141集落（農業集落）における1960～1990年までの30年間における人口増加率を示したものである．作野は，このような分布パターンがいかなる要因によって生じたのかを，重回帰分析の適用により解明を試みた．具体的には，人口増加率を被説明変数，そしてDID，役場，小学校までのそれぞれの道路距離，農家率，耕地率，旧役場集落との標高差の6指標を人口増加率に影響を与える説明変数とみなした．そしてステップワイズ法を用いた重回帰分析を施し，6指標それぞれが人口増加率に与える影響を探った（表3-2）．

F検定の結果，得られた重回帰式は1％水準で有意であることが判明した．重

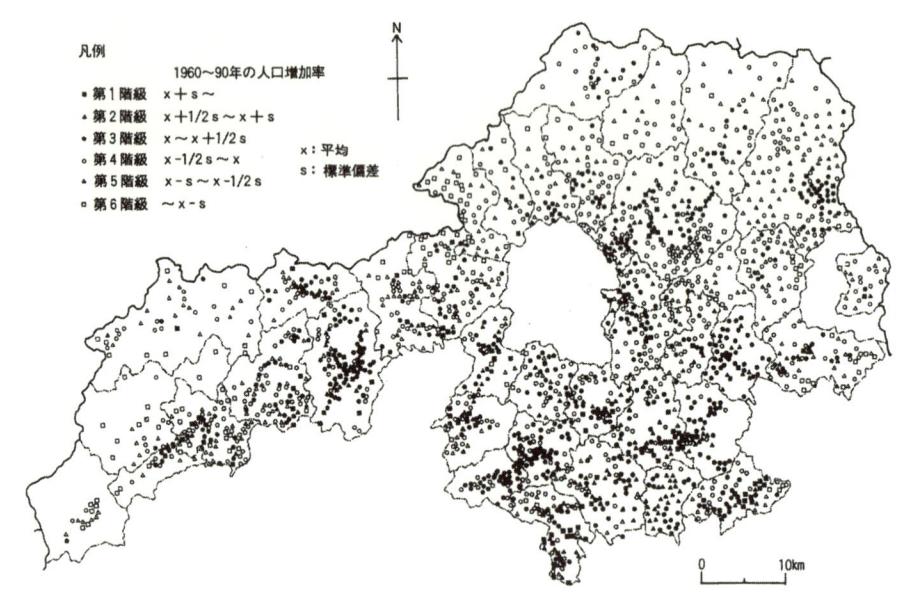

38　第3章　地域事象の予測/説明に役だつ回帰分析

図 3-4　人口増加率による階級区分の空間分布
出典　作野広和 1994．広島県山間集落における過疎化過程の地域的差異．人文地理 46, p.27

表 3-2　重回帰分析の結果

| 変　数 | 偏回帰係数 | 標準偏回帰係数 | t 値 | 有意性 |
|---|---|---|---|---|
| 定　　数 | 0.799 | | | |
| DID までの道路距離 | −0.004 | −0.172 | −2.469 | ** |
| 役場までの道路距離 | −0.749 | −0.435 | −12.531 | * |
| 小学校までの道路距離 | −0.056 | −0.315 | −5.248 | ** |
| 農家率 | −0.034 | −0.281 | −3.251 | ** |
| 耕地率 | 0.046 | 0.335 | 5.933 | ** |
| 旧役場集落との標高差 | −0.035 | −0.295 | −3.551 | ** |
| 重相関係数 | 0.589 | | | |
| 重決定係数 | 0.347 | | | |

注：* は 5％水準にて有意。** は 1％水準にて有意。
出典　作野広和 1994．広島県山間集落における過疎化過程の地域的差異．
　　　人文地理 46, p.31

相関係数は0.589であり，6変数で全変動の34.7%を説明している．各説明変数の説明力は，標準偏回帰係数により示される．6つの説明変数の中では，「役場までの道路距離」の標準偏回帰係数が−0.435と最高であり，人口増加率の最も重要な説明要因である．役場，すなわち中心地からの距離が遠いほど，人口減少が進むことを意味している．2番目に重要な変数は，標準偏回帰係数0.335を有する「耕地率」である．符号が正であることから，農業集落における耕地率が高ければ，その集落の人口増加率は高くなることを意味する．ついで重要な変数は「小学校までの道路距離」であるが，標準偏回帰係数の符号は負となっている（−0.315）．以下，6変数はt検定の結果，5%水準ですべて標準偏回帰係数が有意であると判定された．

図3-5は，重回帰分析に基づく残差（実際値と理論値との差）を地図化したものである．この図より，採用した説明変数によって説明されない変動部分のパターンについて知ることができる．残差がプラスであることは，重回帰モデルの予測値以上に実際の人口増加率が高いことを意味し，残差がマイナスであるという

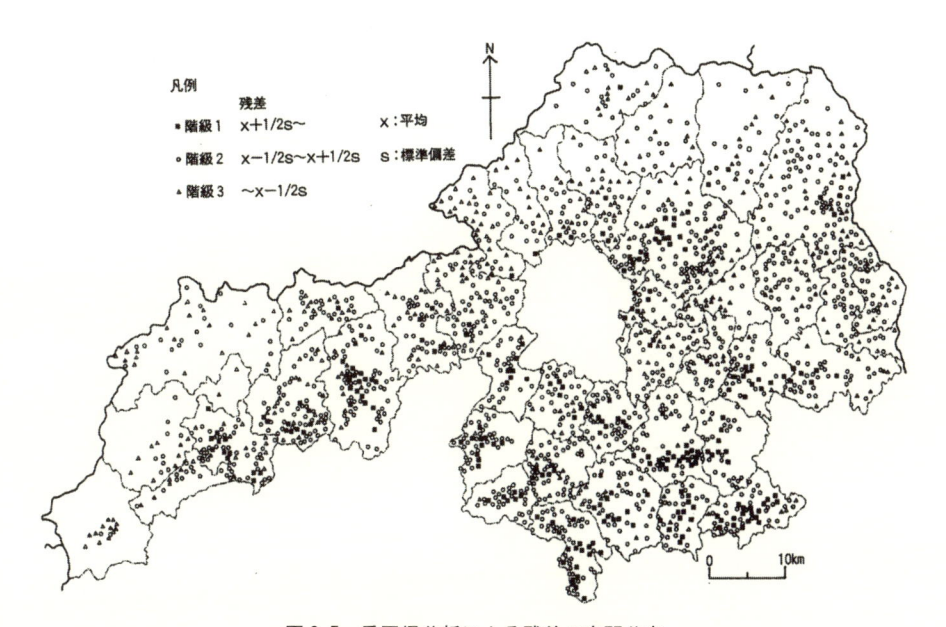

図3-5 重回帰分析による残差の空間分布
出典 作野広和 1994．広島県山間集落における過疎化過程の地域的差異．人文地理 46，p.33

ことは，予測値よりも実際の人口増加率が低いことを意味する．全体的に県境に接した北部の町村内の集落よりも，南部の非過疎地域と接している町村内の集落のほうがプラスの残差を示す．作野はこの結果に基づき，瀬戸内側の諸都市が人口減少に対して何らかの影響を与えており，市町村というスケールにおいては都市への近接性が過疎発生要因の差異をもたらすと推定している．

## 4．回帰分析の参考文献

前章で紹介した多変量解析に関する図書には，すべて回帰分析の項目が設けられている．ここでは，回帰分析のみを扱った代表的な図書を紹介したい．

入門書としては，涌井良幸・涌井貞美2002『図解でわかる回帰分析－複雑な統計データを解き明かす実践的予測の方法』日本実業出版社，向後千春・冨永敦子2008『統計学がわかる【回帰分析・因子分析編】』技術評論社，前野昌弘2012『直線と曲線でデータの傾向をつかむ回帰分析超入門』技術評論社，などを推薦したい．計算手順を数学的に知りたい読者には，早川　毅1986『回帰分析の基礎』朝倉書店，村上雅人2004『なるほど回帰分析』海鳴社，君山由良2011『重回帰分析の利用法（第2版）』データ分析研究所，などが参考になろう．また，丹後俊郎・山岡和枝・高木晴良1996『ロジスティック回帰分析－SASを利用した統計解析の実際』朝倉書店は，近年よく用いられているロジスティック回帰分析について詳細に解説している．

統計パッケージや表計算ソフトを利用した回帰分析については，各種のマニュアルが有用である．とくにMicrosoft Excelを利用した書籍は近年多く出版されており，例えば上田太一郎・小林真紀・渕上美喜2004『Excelで学ぶ回帰分析入門』オーム社，阿部圭司2004『Excelで学ぶ回帰分析－回帰分析をはじめて学ぶ人でもExcelを使えばきちんと理解できる』ナツメ社，内田　治2009『すぐに使えるEXCELによる分散分析と回帰分析』東京図書，などがある．SASについては，新村秀一訳1986『SASによる回帰分析の実践』朝倉書店が，Rについては豊田秀樹編2012『回帰分析入門（Rで学ぶ最新データ解析）』東京図書が利用しやすい．英語で書かれた地理学の入門書については，R. Ferguson 1977. *Linear Regression in Geography*（CATMOG 15，Geo Abstracts，Norwich）を推薦したい（http://qmrg.org.uk/files/2008/11/15-linear-regression-in-geography.pdf）．

# 第4章

# 潜在的構造を探るのに役だつ因子分析

## 1. 因子分析とは

　愛知県内の全54市町村を，都市機能に基づき分類してみよう．データは，産業や人口，住宅などに関する10の指標からなる54行10列の地理行列である．これら54市町村の地域特性を探る際，一般には指標ごとに特性値を地図化し，10枚の図を見比べて，都市機能の差異を把握しようとするだろう．
　しかし，分布図をよく眺めると，10枚のうち何枚かは類似したパターンを示すことに気づく．もしこれらのパターンを類型化することによって10枚の図を3～4枚の少数の地図にまとめることができれば，分析や考察がより容易になると思う読者は少なくないはずである．このようなグループ化に威力を発揮するのが因子分析である．属性行列に因子分析を適用することによって，新しい特性値に基づく少数の意味のある分布パターンを導き出せるのである．
　因子分析とは，相関のある変数（特性値）が有する情報を少数個の潜在的な「因子」に縮減する多変量解析の一手法である．因子分析の目的は，多変数のデータ行列をもとに，それらのデータの背後に潜む共通因子を抽出し，それらを解釈することにより，データの構造を明らかにすることである．
　因子分析は，もともと心理学の分野で開発された．しかし今日では，言語学，社会学，農学，医学など多様な学問分野において，仮説検証的なデータ解析の手段として，幅広く利用されている．地理学においても，回帰分析と並んで使用頻度が高い．
　因子分析においては，観測される$p$個の変数$x_1, x_2, \ldots, x_p$が，それより少数の$m$個の変数$f_1, f_2, \ldots, f_m$と$x_j$にのみ影響する変数$e_j$との1次結合で表わされると仮定する．

$$x_j = \lambda_{j1}f_1 + \lambda_{j2}f_2 + \cdots\cdots + \lambda_{jm}f_m + e_j \quad (j = 1, 2, \cdots\cdots, p) \tag{1}$$

$m$ 個の変数 $f_1, f_2, \cdots\cdots, f_m$ は，すべての $x_j$ に共通な潜在的要因であるから「共通因子」，そしてそれぞれの個体の共通因子の値は「因子得点」と呼ばれる．これに対して $e_j$ は $x_j$ にのみ影響するので，「独自因子」と呼ばれる．係数 $\lambda_{jk}$ は「因子負荷量」と呼ばれ，$j$ 番目の変数 $x_j$ の $k$ 番目の因子 $f_k$ への負荷を示す（柳井晴夫，高木広文編 1986『多変量解析ハンドブック』現代数学社）．

地域分析の場合，共通因子は，通常，固有値が 1.0 以上の因子をとる．共通因子は，変動説明量が高い順に第 I 因子，第 II 因子……と命名される．各共通因子がどのような特徴をもつかは，その因子における因子負荷量の構成によって決まる．いかに適切な名称を各因子に与えるかが，因子分析の鍵である．寄与率とも呼ばれる「変動説明量」は，すべての変数の因子負荷量の平方和を全変数の分散の総和で除した値である．変動説明量が大きいほど，その因子の重要度は高くなる．各因子の変動説明量を合計したものを累積変動説明量と呼ぶ．

得られた因子得点は，分布図の作成に使われる．因子得点の大きさは，因子分析に用いた各変数を標準化得点にいったん変換し，それと各変数の因子負荷量との積で示される．通常，平均 0，分散 1 に標準化して用いられる．

各変数が因子構造にどれだけ関与しているかは，「共通性」によって判断できる．値が大きいほど関与度が高いことになる．共通性とは，共通因子負荷量の平方和の値であり，その変数が他のすべての変数と全体としてどの程度関連しているのかがわかる．

因子分析を適用する際のデータ構造としては，一般に図 4-1 に示されるような属性行列体が考えられる．この行列体のどの面を分析対象とするかで，さまざまな技法が存在する．地理学では，行方向に地域，列方向に人口，産業，職業などの属性を配置した属性行列に因子分析を施すことが多いが，これは R 技法と呼ばれる．一方，行に属性，列に地域を配置した行列をデータとする場合は Q 技法と呼ばれる．前者では，属性がいくつかの共通因子に要約されるが，後者では，意味のある地域群が共通因子として抽出される．

T 技法は，気候学の分野で適用例が多い．行に地域，列に時間を配置した行列をデータとする．時間群が共通因子を形成する．S 技法は，行に時間，列に地域，

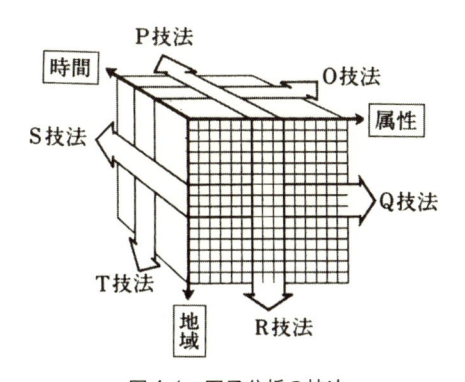

図4-1 因子分析の技法
出典 W. K. D. Davies 1984. *Factorial Ecology*. Gower Publishing Company, Hampshire, p.68

O技法は行に属性, 列に時間, そしてP技法は行に時間, 列に属性をそれぞれ配置した行列をデータとする. しかし, これら3技法に関しては, 地域分析における適用事例はあまり多くない.

因子分析には多種多様な解法がある. 単一因子解法, 二因子解法, 双因子解法, 多群解法, セントロイド法, 多因子解法, 正準分析法, 主因子分析法, 正準因子分析法, アルファ因子分析法など枚挙に暇がない. 地理学の分野では, 主因子分析法が広く用いられている.

主因子分析法は, 多変数間の共通に見られる変動のうち, いずれの変数に対しても近い変動を示すものを因子として取り出す方法である. つまり, 与えられた変数間の相関関係に着目し, できるだけ少数の因子で説明する.

主因子分析法は, 主成分分析法と原理的には同じである. 両者の相異は, 主成分分析法では, 特性変量の全変動からいくつかの主成分を抽出するのに対し, 主因子分析法では, 全変動のうち共通性で与えた変動成分のみに注目し, 因子成分を導き出す点にある.

地理学では主因子分析法が多用されるため, 主成分分析と因子分析を厳密に区分せず利用することが多い. しかし, 両者の間には, その目的において明確な差異が存在する. 主成分分析は, 現象の要約あるいは合成を目的とするのに対し, 因子分析は, 現象の背後に潜む構造を探ることを目的とする. 言い換えれば, 主成分分析における主成分は, 与えられた変数を合成した総合値であるのに対し,

因子分析における因子は，与えられた変数が総合化されたものではなく，変数の背後に隠された仮想的実体を示すと考えるべきである．

冒頭で述べた愛知県の市町村分類の事例でいえば，情報の損失をできるだけ最小限にとどめた状態で，10枚の分布図をできるだけ少数の分布図に置き換えようとするのが主成分分析の考え方である．それに対し，10個の変数それぞれからは得られない背後に潜む新しい特性値（因子）を探り出し，少数の分布図に縮減するのが因子分析である．また，因子分析には因子軸の回転があるが，主成分分析にはないことも特徴としてあげられる．

因子分析の手順をフローチャートの形で示すと図4-2になる．まず，地理行列（属性行列・相互作用行列・相互作用型属性行列）を構築する．例えばR技法を適用する場合には，地理行列は，行に地域，列に属性を配置した属性行列になる．ついで，この行列を平均が0，分散が1になるよう標準化し，相関行列を求める．相関行列においては，R技法の場合，属性間の相関係数が行列の要素値となる．

次に，作成した相関行列をもとに因子分析を行う．通常，固有値1.0以上の共通因子を抽出し，因子負荷量行列を構築する．ついで，因子の解釈を容易にするため，因子軸の回転を行う．直交回転と斜交回転があり，地理学では，一般に直交回転による「バリマックス法」が用いられている．これは，もとの変数の相互の布置関係を保存しながら，単純構造の原理をなるべく満たすよう，直交する因子軸を回転する方法である．単純構造とは，特定の変数群のみが高い因子負荷を

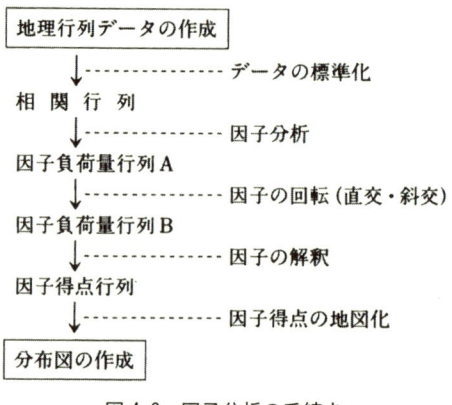

図4-2 因子分析の手続き

示す一方で，他の変数は低い因子負荷しか示さない状態を意味し，これによって変数の分類が容易に行える．

次に，回転後の因子負荷量行列をもとに，因子負荷量の大小により共通因子を解釈し，各因子の命名を行う．ついで，因子得点行列を導出し，各因子の因子得点にもとづき分布を地図化する．以上が，地理学における因子分析の標準的な流れである．

## 2．地域分析における適用例

地域分析に因子分析を積極的に導入したのはアメリカ合衆国の計量地理学者，ベリーであった．彼は，1960年代に多くの実証研究に因子分析を適用し，大きな成果をおさめた．

日本では，東京圏の地域性を抽出した，服部銈二郎他1960．東京周辺における地域構造．地理学評論 33: 495-514，日本の都市の特色を規定する因子を見出した，山口岳志1972．都市機能の地域別・規模別考察．地理学評論 45: 411-429，などが先駆的な業績としてあげられる．

地理学における因子分析の適用は，中心地の階層区分，等質地域の設定，機能（結節）地域の設定，交通ネットワークの構造把握，都市機能の分類，都市群の類型化，都市の因子生態，認知空間の把握などきわめて多様である．

ここでは利用するデータ行列に着目して，適用例を3タイプに整理してみよう．第Ⅰ部2章で述べた3つの地理行列（属性行列，相互作用行列，相互作用型属性行列），それぞれの応用例を概観する．

### ≪属性行列≫

行に地域，列に属性を配置した属性行列にR技法を適用する因子分析である．都市分類，等質的地域区分，産業分類，因子生態など多くの適用事例が存在する．

ここでは，日本における都道府県の社会・経済的特性を把握する研究を事例に，因子分析の手続きをみてみよう（村山祐司1984．本邦における貨物流動の地域

構造－地理的場理論の枠組を用いて．経済地理学年報 **30**: 95-111).

　対象地域は，沖縄県を除く46都道府県，そして属性は社会・経済的特性に関する40変数である．したがって，データは46行40列の地理行列である．この行列にR技法を用いて主因子分析法を施した結果，固有値1.0以上の共通因子が6個抽出できた．表4-1は，バリマックス回転後の因子負荷量行列を示す．第VI因子までの累積変動説明量は90.0%に達した．

　因子負荷量が絶対値0.4以上である変数群の構成により，各因子を解釈してみよう．第I因子は，46.3%の変動説明量をもつ．この因子は23変数により性格づけられており，卸売・小売業事業所数（因子負荷量0.99），人口数（0.98），第2次産業純所得（0.98），サービス業事業所数（0.98）などの変数と特に高い正の相関を示している．これら変数群の構成から，第I因子は「都市的活動を示す因子」と解釈できる．第II因子は，21.4%の説明量を有しており，因子負荷量の絶対値0.4以上の変数は合計15個存在する．正の高い負荷量をもつ変数は，畑耕地面積（0.94），林業・狩猟業事業所数（0.93），林野面積（0.92），第1次産業純所得（0.71），農業事業所数（0.71）などである．このことから，第II因子は「農村的活動を示す因子」と解釈できる．以上と同様に，変数群の構成から，第III因子は港湾的活動，第IV因子は鉱業的活動，第V因子は第1次産業的活動，そして第VI因子は人口増加をそれぞれ示すとみなせる．このように因子分析においては，因子負荷量の大きさや符号を用いて各因子をいかに適切に解釈し命名するか，が重要な鍵となる．

　図4-3は，因子得点の値に基づき，各因子の分布パターンを示したものである．これにより各因子の地域構造を把握することが可能になる．例えば「都市的活動を示す因子」である第I因子は大都市圏で高く，「農村的活動を示す因子」である第II因子は地方で高い値を示している．このように因子の解釈が適切であるか確認する際にも，因子得点の地図化は有効である．

≪相互作用行列≫

　相互作用行列をデータとする因子分析では，2種類のデータが考えられる．すなわち0と1のバイナリーで示される連結行列，そして起終点として示されるO－D行列である．前者では，ネットワーク構造（たとえば道路網や鉄道網や

## 表4-1 因子負荷量行列

| | 変数 | I | II | III | IV | V | VI |
|---|---|---|---|---|---|---|---|
| 1 | 人口数 | 0.98 | | | | | |
| 2 | 人口増加率（1975～80） | | | | | | 0.82 |
| 3 | 人口密度 | 0.86 | −0.42 | | | | |
| 4 | 第1次産業純所得 | | 0.71 | | 0.40 | | |
| 5 | 第2次産業純所得 | 0.98 | | | | | |
| 6 | 第3次産業純所得 | 0.97 | | | | | |
| 7 | 農業事業所数 | 0.59 | 0.71 | | | | |
| 8 | 林業・狩猟業事業所数 | | 0.93 | | | | |
| 9 | 漁業・水産養殖業事業所数 | | 0.66 | 0.46 | | | |
| 10 | 鉱業事業所数 | | 0.60 | | | 0.42 | |
| 11 | 建設業事業所数 | 0.96 | | | | | |
| 12 | 製造業事業所数 | 0.91 | | | | | |
| 13 | 卸売・小売業事業所数 | 0.99 | | | | | |
| 14 | 金融・保険業事業所数 | 0.58 | | | | | −0.52 |
| 15 | 不動産業事業所数 | 0.96 | | | | | |
| 16 | 運輸通信業事業所数 | 0.96 | | | | | |
| 17 | 電気・ガス・水道業事業所数 | 0.78 | 0.49 | | | | |
| 18 | サービス業事業所数 | 0.98 | | | | | |
| 19 | 鉱区面積 | | | | 0.88 | | |
| 20 | 鉱区数 | | 0.60 | | 0.65 | | |
| 21 | 海面漁業経営体数 | | 0.44 | 0.82 | | | |
| 22 | 漁港数 | | | 0.78 | | | |
| 23 | 林家数 | | 0.46 | | | 0.48 | |
| 24 | 林野面積 | | 0.92 | | | | |
| 25 | 専業農家数 | | 0.65 | | | | |
| 26 | 第1種兼業農家数 | | 0.58 | | 0.54 | | |
| 27 | 第2種兼業農家数 | | | | | 0.88 | |
| 28 | 田耕地面積 | | 0.66 | | | | |
| 29 | 畑耕地面積 | | 0.94 | | | | |
| 30 | 普通倉庫面積 | 0.93 | | | | | |
| 31 | 冷凍倉庫面積 | 0.88 | | | | | |
| 32 | 乗用自動車数 | 0.97 | | | | | |
| 33 | 普通貨物自動車数 | 0.95 | | | | | |
| 34 | 小型貨物自動車数 | 0.97 | | | | | |
| 35 | トラックビジネス事業所数 | 0.95 | | | | | |
| 36 | トラックターミナル数 | 0.85 | | | | | |
| 37 | 外航商船隻数 | 0.62 | | 0.63 | | | |
| 38 | 内航商船隻数 | | | 0.85 | | | |
| 39 | 外航商船トン数 | 0.59 | | 0.64 | | | |
| 40 | 内航商船トン数 | 0.41 | | 0.88 | | | |
| | 固有値 | 18.51 | 8.55 | 3.64 | 2.46 | 1.73 | 1.12 |
| | 変動説明量 | 46.3 | 21.4 | 9.1 | 6.1 | 4.3 | 2.8 |
| | 累積変動説明量 | 46.3 | 67.7 | 76.8 | 82.9 | 87.2 | 90.0 |

注：絶対値0.4以上の因子負荷量のみを示す．
出典　村山祐司 1984．本邦における貨物流動の地域構造―地理的場理論の枠組を用いて．経済地理学年報 **30**, p.105

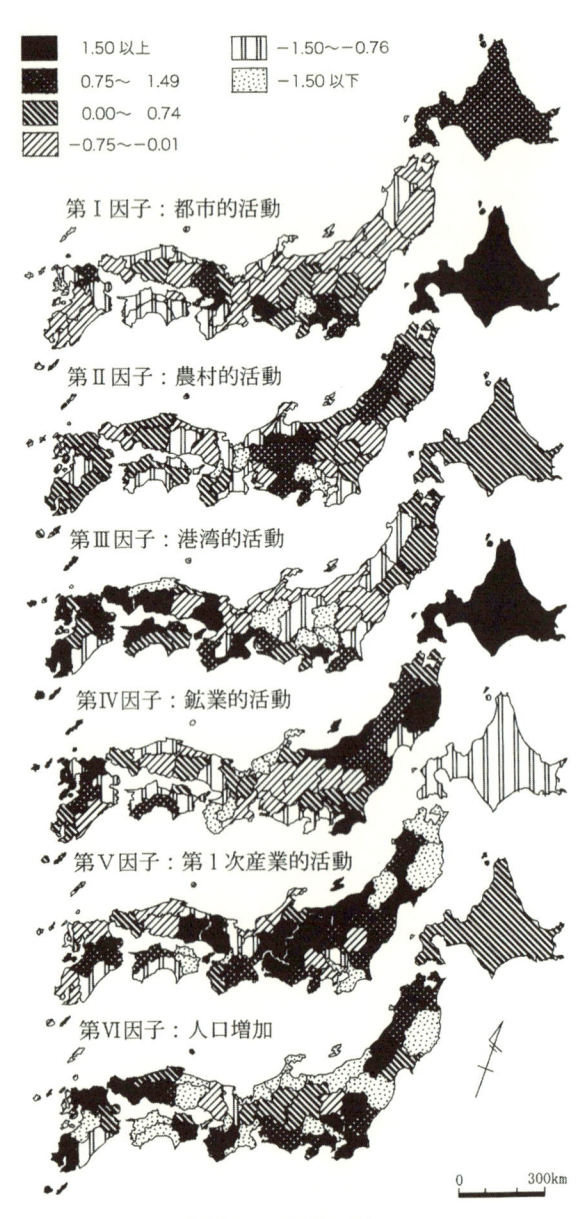

50　第4章　潜在的構造を探るのに役だつ因子分析

■ 1.50 以上
▨ 0.75〜 1.49
▧ 0.00〜 0.74
▨ −0.75〜−0.01
▥ −1.50〜−0.76
⋯ −1.50 以下

第Ⅰ因子：都市的活動

第Ⅱ因子：農村的活動

第Ⅲ因子：港湾的活動

第Ⅳ因子：鉱業的活動

第Ⅴ因子：第1次産業的活動

第Ⅵ因子：人口増加

0　300km

図4-3　因子得点分布
出典　村山祐司 1984．本邦における貨物流動の地域構造―地理的場理論の枠組を用いて．経済地理学年報 **30**，p.106

航空網）を探る目的で因子分析（直接因子分析法）が適用される．後者においては機能（結節）地域を設定するための手段として利用されることが多い．この場合，交通流動，人口移動，資金流動，情報流動などのO－Dデータが用いられる．

ここでは，公共交通ネットワークを対象に，長野市の結節構造の年次別変化を追尾した研究をみてみよう（百瀬裕水 2005．1990年代の長野市における公共交通ネットワークの変化．地理学評論 **78**: 69-86）．百瀬は，標準地域メッシュ（3次メッシュ）を単位地区として，長野市において駅またはバス停が存在するメッシュ間の鉄道・バスによる運行本数に基づき，メッシュごとの近接性を算出した．こうして得られた近接性を示す数値を要素として行列を作成し，列ごとに二乗和基準化したうえで，因子分析を適用した．同一基準で年次間における結節地域の構造変化の検討を可能にするため，分析対象となる行列は，行要素に発地×年次を，列要素に着地を配置した．

分析の結果，固有値 0.007 以上の因子で全分散の説明率は 78.8％ となった．主要発地は因子得点 2.0 以上，主要着地は因子負荷量 0.8 以上で 5 因子が導出された．図 4-4 は，原点を JR 長野駅として，5 因子の結節地域とその年次変化を地図化したものである．因子にはそれぞれ高い値を示す地域を考慮して，地名を関した名前が付けられている．1990年から2000年にかけて見比べると，1995年以降第3因子が消滅しており，全体として縮小傾向にあることがわかる．この結果について，百瀬は，長野市の場合，分析結果に基づく結節地域が各年次を通して大きく変化していない市中心部から北東部にかけての範囲を重点的に公共交通ネットワークが組まれていると指摘している．

**≪相互作用型属性行列≫**

この行列をデータとする因子分析は，一般にダイアディック因子分析法とよばれている．インドの貨物流動を分析したベリーによって開発された．データは，行に地域間ペア，列に属性を配置したものである．分析対象地域が $m$ 個ならば，行の個数すなわち地域間ペアの数は $m \times m$ 個となる（ただし自地域内相互作用を除けば $m \times (m-1)$ 個となる）．

このタイプの研究例はそれほど多くはないが，商品の流通や買物流動の分析な

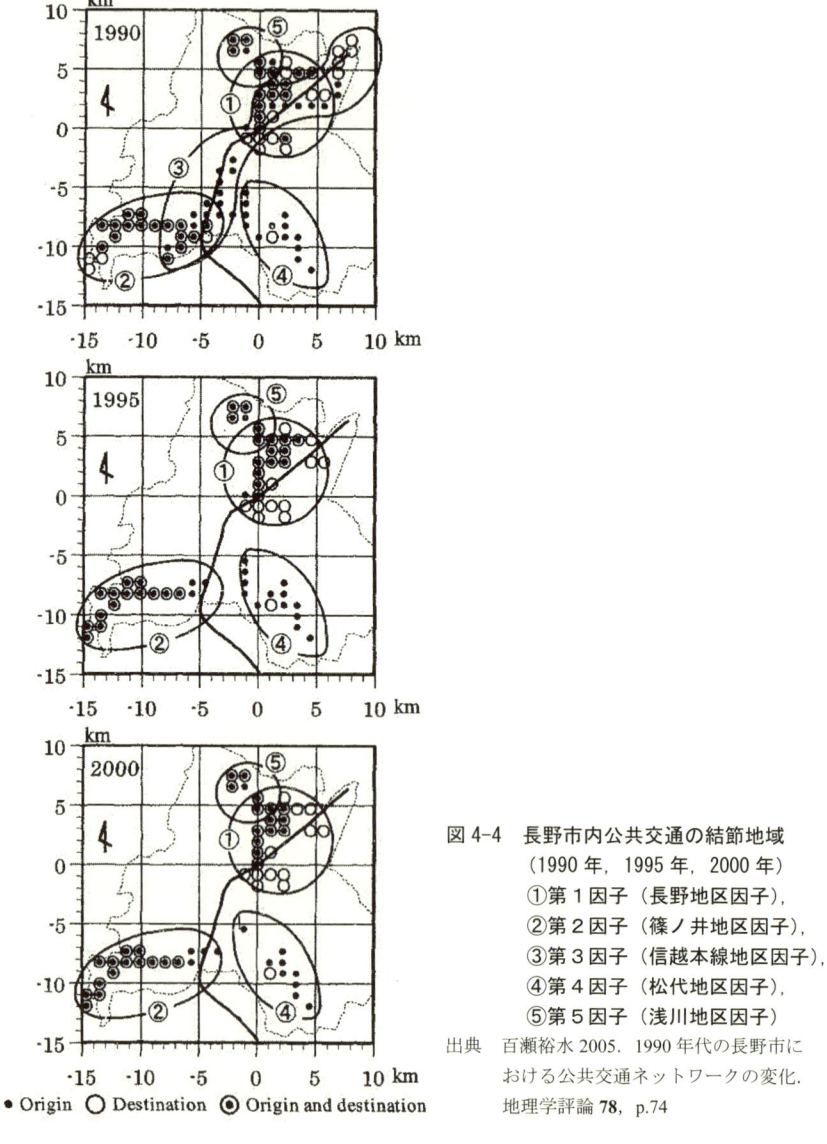

52　第4章　潜在的構造を探るのに役だつ因子分析

図4-4　長野市内公共交通の結節地域
　　　（1990年，1995年，2000年）
　　　①第1因子（長野地区因子），
　　　②第2因子（篠ノ井地区因子），
　　　③第3因子（信越本線地区因子），
　　　④第4因子（松代地区因子），
　　　⑤第5因子（浅川地区因子）
出典　百瀬裕水 2005．1990年代の長野市に
　　　おける公共交通ネットワークの変化．
　　　地理学評論 **78**，p.74

● Origin　○ Destination　◉ Origin and destination

どにも適用されている．ここでは，日本の貨物流動にこの手法を用いた例を紹介しよう（村山祐司 1984．本邦における貨物流動の地域構造－地理的場理論の枠組を用いて．経済地理学年報 **30**: 95-111）．

分析地域は，沖縄県を除く46都道府県，そして分析対象の貨物は30品目である．したがってデータは，46×46×30のO－D行列体となる．自地域内流動を除去し，2,070（46×45）の地域間ペアを行，30貨物の流動量を列とする2,070行

表 4-2　因子負荷量行列

| | 変　数 | 共通性 | 因子負荷量 |||||||
|---|---|---|---|---|---|---|---|---|
| | | | I | II | III | IV | V | VI |
| 1 | 穀物 | 0.49 | | | 0.72 | | | |
| 2 | 野菜・果物 | 0.20 | | | | | | |
| 3 | 畜産品 | 0.45 | | 0.45 | | | | |
| 4 | 水産品 | 0.38 | | 0.53 | | | | |
| 5 | その他の農産品 | 0.49 | | | 0.62 | | | |
| 6 | 木材 | 0.43 | | 0.43 | | | | |
| 7 | 薪炭 | 0.15 | | | | | | 0.55 |
| 8 | 石炭 | 0.11 | | | | | | (0.35) |
| 9 | 金属鉱 | 0.13 | | | | | | |
| 10 | 非金属鉱物（建設用） | 0.37 | | | | | | |
| 11 | 非金属鉱物（工業用） | 0.24 | | | | 0.40 | | |
| 12 | 金属 | 0.71 | 0.58 | | | 0.41 | | |
| 13 | 金属製品 | 0.75 | 0.66 | | | | | |
| 14 | 機械 | 0.77 | 0.72 | | | | | |
| 15 | 窯業品 | 0.52 | | | | 0.45 | | |
| 16 | 石油製品 | 0.43 | | | 0.41 | 0.51 | | |
| 17 | 石炭製品 | 0.17 | | | | | | |
| 18 | 化学製品 | 0.63 | 0.40 | | | 0.66 | | |
| 19 | 化学肥料 | 0.21 | | | | | | |
| 20 | その他の化学工業品 | 0.76 | 0.71 | | | 0.44 | | |
| 21 | 紙・パルプ | 0.57 | 0.49 | 0.51 | | | | |
| 22 | 繊維工業品 | 0.50 | 0.63 | | | | | |
| 23 | 食料工業品 | 0.79 | 0.51 | 0.48 | 0.40 | | | |
| 24 | 日用品 | 0.74 | 0.69 | 0.45 | | | | |
| 25 | その他の製造工業品 | 0.63 | 0.56 | 0.45 | | | | |
| 26 | くずもの | 0.32 | | | | | | |
| 27 | 動植物性飼肥料 | 0.51 | | | 0.63 | | | |
| 28 | 廃棄物 | 0.19 | | | | | 0.45 | |
| 29 | 輸送用容器 | 0.64 | 0.43 | | | | 0.50 | |
| 30 | 取り合わせ品 | 0.30 | | | | | 0.40 | |
| | 固有値 | | 11.56 | 1.61 | 1.26 | 1.21 | 1.14 | 1.04 |
| | 変動説明量 | | 38.5 | 5.4 | 4.2 | 4.0 | 3.8 | 3.5 |
| | 累積変動説明量 | | 38.5 | 43.9 | 48.1 | 52.2 | 55.9 | 59.4 |

出典　村山祐司 1984．本邦における貨物流動の地域構造－地理的場理論の枠組を用いて．経済地理学年報 **30**，p.102

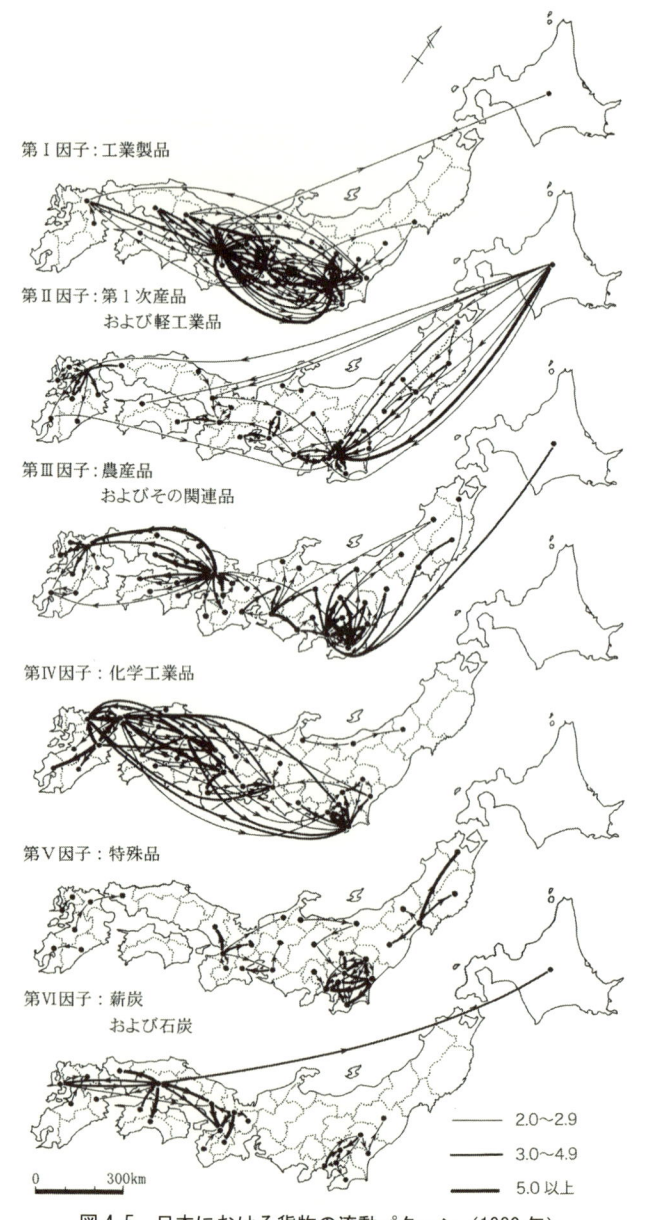

54　第4章　潜在的構造を探るのに役だつ因子分析

**図4-5　日本における貨物の流動パターン（1980年）**
出典　村山祐司1984．本邦における貨物流動の地域構造－地理的場理論の枠組を用いて．経済地理学年報 **30**, p.103

30列の行列に対して因子分析を行った．分析の結果，固有値1.0以上を有する因子が6個摘出でき，第VI因子までの累積変動説明量は59.4%に達した（表4-2）．

第I因子は38.5%の変動説明量をもち，正に相関している数多くの変数によって性格づけられる．とくに高い負荷量をもつ変数は，機械（0.72），その他の化学工業品（0.71），日用品（0.69）などである．したがって第I因子は工業製品の流動を示すと解釈できる．第II因子は5.4%の変動説明量をもつ．因子負荷量0.4以上の変数は7個存在し，そのうち最大値は水産品の0.53である．変数構成からみて，第II因子は第1次産品および軽工業品の流動を示す因子と考えられる．

同様に変数群の構成から，第III因子は農産品およびその関連品，第IV因子は化学工業品，第V因子は特殊品，第VI因子は薪炭および石炭の流動をそれぞれ示すと解釈できる．図4-5は，因子得点の値に基づき，因子ごとに流動パターンを地図化したものである．大都市圏間で流動が多い因子（第I因子：工業製品，第IV因子：化学工業品など）や大都市圏と地方間において流動がみられる因子（第II因子：第1次産品および軽工業品，第III因子：農産物およびその関連品など）が認められる．

## 3．因子分析の応用的側面

因子分析は広く地域分析に適用されている．ここでは2つの応用例を紹介しよう．

第一は，時系列分析である．等質地域や結節地域の構造が，時間の経過とともにどのように変化したかを解明する場合を考えよう．2時期における地域構造を比較する際，図4-6に示すように，3つの方法が考えられる．1つめは，別個に因子分析を行うが，「一致係数」（2つの時期の因子構造がどの程度一致しているかを把握する尺度）を導き，因子構造の類似度を比較する方法である．2つめは，2時期間の変化量（率）を求め，それに因子分析を施すやり方である．この方法は，変化量（率）を変数とするため累積変動説明量が低いという欠点がある．3つめは，2つの時期を合体してデータ行列を作成し，それに因子分析を施す方法であ

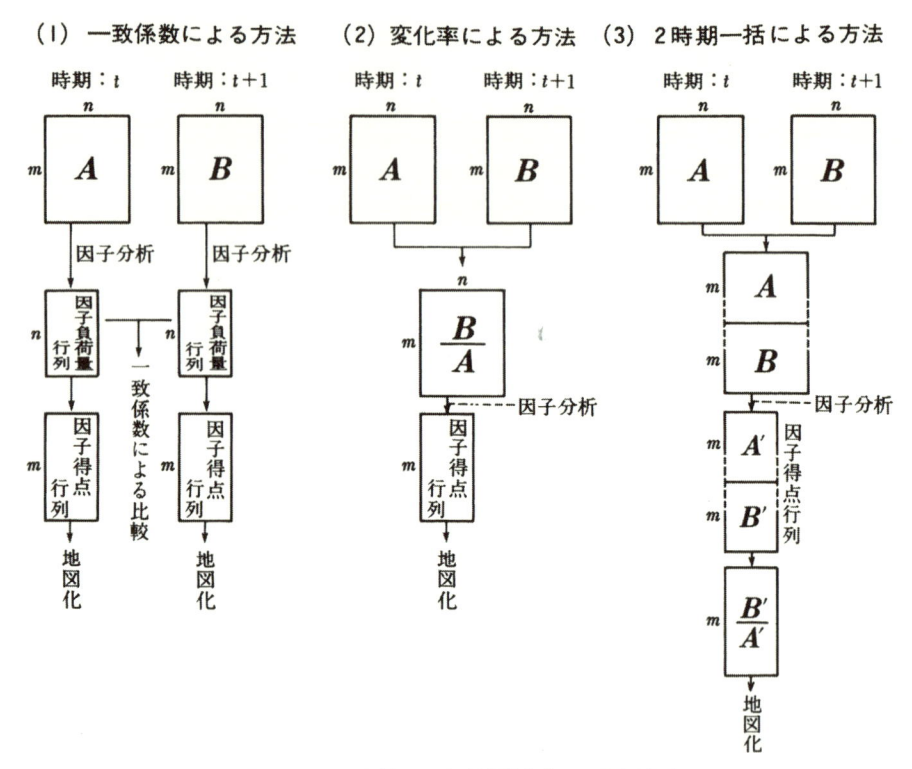

図 4-6　因子分析による地域構造変化の解析方法

る．この方法を採用する場合，各時期に分けて因子分析を行っても，因子構造に大きな差異がないことが前提となる．どの方法が適切かは，データの種類や目的によって異なるので，慎重に検討する必要がある．

　第二は，説明力を向上させる工夫である．データの基準化はその一つの例である．一般に，因子分析は相関行列から出発する．しかし，バイナリー型（0と1）の地理行列や連結行列に因子分析を施す場合，変数が量的でないことが多く，相関行列は因子分析に適さない．この場合，分散共分散行列や積和行列を利用することが考えられる（矢野桂司 1985．地理行列への直接因子分析法の適用に関する一考察－バイナリー型地理行列を中心にして．地理学評論 **58**: 516-535）．

　これら以外にも，図 4-1 に示される行列体をデータとする 3 相因子分析法の活用，相互作用行列に因子分析を適用する場合に，斜交回転を導入する方法（高層

因子分析法）など，注目すべき応用例がみられる．

## 4．因子分析の参考文献

　入門書としては，三土修平 2001『数学の要らない因子分析入門』日本評論社，松尾太加志・中村知靖 2002『誰も教えてくれなかった因子分析－数式が絶対に出てこない因子分析入門』北大路書房，正田　良 2008『統計入門 因子分析の意味がわかる』ベレ出版，などが手頃である．因子分析について数学的手続きを含めて体系的に理解したい読者には，芝　祐順 1972『因子分析法』東京大学出版会，柳井晴夫他 1990『因子分析－その理論と方法』朝倉書店，市川雅教 2010『因子分析（シリーズ行動計量の科学）』朝倉書店，などを推薦する．

　小塩真司 2004『SPSS と Amos による心理・調査データ解析－因子分析・共分散構造分析まで』東京図書，豊田秀樹 2012『因子分析入門－R で学ぶ最新データ解析』東京図書は，統計ソフトを利用した分析手順・方法を扱っている．

　地理学における因子分析を解説した英文図書としては，W. K. D. Davies 1984. *Factorial Ecology.* Gower Publishing Company, Hampshire をあげたい．

# 第5章

# 地域事象の類型化に役だつクラスター分析

## 1. クラスター分析とは

　表5-1のデータに基づき，愛知県東三河地域8市町村をその特性に基づき分類することを考えよう．表5-1には，地域特性を示す3つの指標，すなわち人口，人口密度，1人当たり所得が示されている．人口密度に注目すると，「豊橋市と蒲郡市」，「豊川市」，「田原市」，そして「新城市，設楽町，東栄町，豊根村」の4グループに類型化できそうである．同様に，人口と1人当たり所得に関しても，それぞれいくつかのグループに類型化が可能であろう．

　しかし，単一指標に基づくのではなく，3指標すべてを同時に考慮したグルーピングはできないであろうか．それができれば，より説得力のある都市分類が行えると考える読者は多いであろう．

　いま仮に，図5-1のように，$x$軸に人口密度，$y$軸に人口，$z$軸に1人当たり所得をとり，3次元空間に分析対象の8市町村を配置してみよう．空間上に配置された市町村間関係の遠近に着目すると，設楽町，東栄町，豊根村が1つのグルー

表5-1　東三河地域8市町村の地域特性（2010年）

| 自治体 | 人口 | 人口密度 (人/km²) | 1人当たり所得 (千円) |
| --- | --- | --- | --- |
| 豊橋市 | 376,665 | 1441.2 | 2,851 |
| 豊川市 | 181,928 | 1131.7 | 2,984 |
| 蒲郡市 | 82,249 | 1447.8 | 2,850 |
| 新城市 | 49,864 | 99.9 | 2,356 |
| 田原市 | 64,119 | 339.6 | 2,619 |
| 設楽町 | 5,769 | 21.1 | 1,947 |
| 東栄町 | 3,757 | 30.4 | 1,720 |
| 豊根村 | 1,336 | 8.6 | 1,626 |

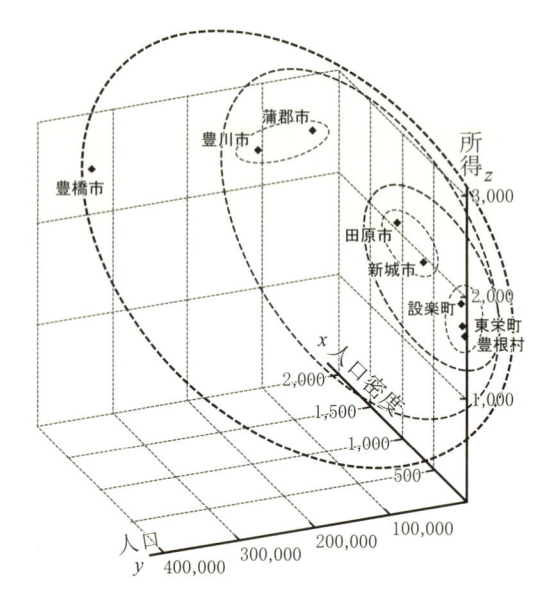

図5-1　3次元空間における東三河地域8市町村の布置

プ，田原市と新城市が1つのグループ，そして豊川市と蒲郡市とが1つのグループとして区分できそうである．これらの市町村群を破線で囲み，さらに市町村間距離が短い方から近隣の市町村と結合させていくと，図5-1上に破線で示したような階層関係が導かれる．

　図5-1におけるグルーピングの過程は，図5-2のような樹木状の図に示せる．この図は一般にデンドログラム（樹形図）と呼ばれる．図5-2において，破線で示される段階で区分すると，4つのクラスター（cluster：ぶどうの房）に分類できる．このように，多変量のデータをひとまとめにし，類似度（距離）の大小に基づき，対象の分類を試みる多変量解析の手法をクラスター分析と呼ぶ．

　クラスター分析は，対象間になんらかの関係が存在し，その大きさが数値として与えられている時に，その対象間の関係を手がかりに，類似した対象を集め，全体をいくつかのグループ（クラス

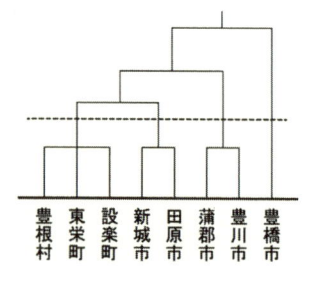

図5-2　東三河地域8市町村のデンドログラム

ター）に分割することを目的とする．その際に，それぞれのグループ内のものは他のグループよりも類似するように，対象をグルーピングする．

クラスター分析は，もともと生物分類学で発達した手法（数値分類法と呼ばれる）であるが，現在では多様な学問分野で幅広く利用されている．この手法が注目されるようになったのは，大型計算機が普及し始めた1970年代後半以降のことである．他の多変量解析の諸手法と比べて，コンピュータの能力に大きく依存する．分析には大きな記憶容量を必要とし，反復計算が膨大になるために高速の演算が要求される．

クラスター分析では，主成分分析や因子分析と同様，外的基準を設けないで，データの内部構造を探る．変量の正規性や線形対応などの仮定が必ずしも必要でない．対象間の関係を類似度や距離で示すだけで分類が可能であり，柔軟性に富んでいる．

しかし，対象間の距離や類似度の求め方，クラスタリング（クラスター分け）の方法には，多種多様な技法が存在しており，いずれの技法を適用するかによって結果が微妙に異なる．データの特性を十分に吟味し，最適な手法を選択することが大切である．

## 2．クラスター分析の計算手続き

### ≪類似度（距離）の定義≫

クラスター分析では，類似性が高い対象群をグループにまとめあげていく．対象が有する特性に基づき，相違の大きさ（距離）や類似の程度（類似度）を数値で示し，全対象に関する類似度や距離の行列を作成しなければならない．

類似度や距離の尺度としては，表5-2のようにさまざまな測度が存在する．最も一般的な尺度はユークリッド距離である．これは2点間の最短距離で表される．特性値が0と1で与えられた質的データに関しては一致係数が用いられ，特性値が順位データの場合には，スピアマンの順位規模相関係数やケンドールの順位相関係数が用いられる．

表 5-2　距離と類似度

| | |
|---|---|
| ユークリッド距離<br>重みつきユークリッド距離<br>ミンコフスキー距離<br>マハラノビス距離 | 距離 |
| ピアソンの積率相関係数<br>一致係数<br>ラッセル・ラオの係数<br>ロジャー・タニモトの係数<br>ハーマンの係数<br>ファイ係数<br>スピアマンの順位相関係数<br>ケンドールの順位相関係数 | 類似度 |

出典　日本建築学会編 1987『建築・都市計画のための調査・分析方法』井上書院, p.153

≪クラスター化の諸手法≫

　クラスター分析は，手法的にみると，I) 階層的方法，II) 非階層的方法，に大別できる（表 5-3）．Iは対象を段階的に分類づけるもので，クラスター相互の階層構造あるいは包含関係を明らかにする．分析の結果は，デンドログラム（樹形図）の形にまとめられる．

　一方，IIは，よく似た特性をいくつかのクラスター群にまとめ，対象を並列的に分類する．クラスター間の階層構造や包含関係をとくに問題にしない．階層的方法と非階層的方法は，算法の相違により，表 5-3 のように細分化される．

　A-1 の最近隣法では，クラスター間の類似度として，それぞれのクラスターに含まれている最も近い対象間の距離を採用する．この手法は古くから存在し，多くの研究に利用されてきた．A-2 の最遠隣法では，最近隣法とは逆に，2つのクラスター間で最遠の距離を類似度として採用する．A-3 のメディアン法は，最近隣法と最遠隣法の中間に位置する方法である．新しいクラスターと他のクラスター間の距離を，融合前のクラスターとの距離の中間距離で代表する．A-4 の重心法は，クラスター間の距離を，各々のクラスターの重心距離で示す．A-5 の群平均法は，距離を各々のクラスターを構成する対象の距離の2乗の平均で代表する．A-6 のウォード法は，クラスターの重心まわりの偏差平方和を最小にするような

表5-3 クラスター分析の諸手法

I. **階層的方法**
 A 1. 最近隣法（単連結法）
   2. 最遠隣法（完全連結法）
   3. メディアン法
   4. 重心法（セントロイド法）
   5. 群平均法
   6. ウォード法
 B 階層的モード法

II. **非階層的方法**
   1. 最適化法
   2. 密度探索法
   3. その他

出典　柳井晴夫・高木広文編 1987『多変量解析ハンドブック』現代数学社, p.226

他のクラスターと融合する．ウォード法は評価が高く，地域分析においても幅広く利用されている．

Bの階層的モード法では，クラスター内の密度を考慮し，ある密度以上の領域は稠密な点を領域と考えて，稠密な点を中心にクラスターを形成していく．

これらの中で，メディアン法，重心法，ウォード法，階層的モード法に関しては，距離概念は，方法論上，ユークリッド距離であることが望ましい．

次に，IIの非階層的方法について述べる．1の最適化法の特色は，あらかじめ決められた基準を最適化するように対象の分類を行う点にある．最適化の手順にはいくつかの方法が考えられるが，いずれも事前にクラスターの数を想定しておく必要がある．2の密度探索法は，クラスター化の過程において稠密である点群を，低密度の部分から分離していく方法である．つまり，密度の差の境界を探索していく．

# 3．地域分析における適用例

分析対象のデータを属性行列と相互作用行列に分けて，適用事例を紹介する．

## ≪属性行列≫

　ここでは，人々の移動に関するデータ（パーソントリップ調査）を用いて，都市の類型区分を行った研究を紹介しよう（駒木伸比古 2004．通勤・消費行動からみた東京都市圏の空間構造．新地理 **52**: 1-15）．分析対象は，一定数以上の到着トリップを有する 34 ゾーン（市町村とほぼ同じとみなして良い）である．属性は，各ゾーンにおける 13 種類の施設ごとの到着トリップ割合である．したがって，投入データは 34 行 13 列の行列である．

　図 5-3 は，分析の結果導かれたデンドログラムである．情報損失量の大きい 29 から 30 段階で，オフィスタイプ，居住オフィスタイプ，居住タイプ，消費オフィスタイプ，工業タイプ，特殊施設タイプの 6 グループに分類された．図 5-4 は，これら 6 グループに分類されたゾーンの分布図を示したものである．6 グループに名称を与えるにあたっては，各型に属するゾーンにおける施設別到着トリップ割合の平均値を用いた（表省略）．この図から，①都心部においては，「オフィスタイプ」を中心として，その周囲に「消費オフィスタイプ」，「居住オフィス都心タイプ」が隣接しており，すべてがオフィス機能を有していること，②郊外部では「居住タイプ」，「居住オフィス郊外タイプ」に分類されており，すべて居住機能を有していること，③都心部と郊外部との関係においてオフィスと居住の対称性があること，④郊外部でも郊外中心都市とそれ以外では特性に差異が現れていること，などが指摘されている．

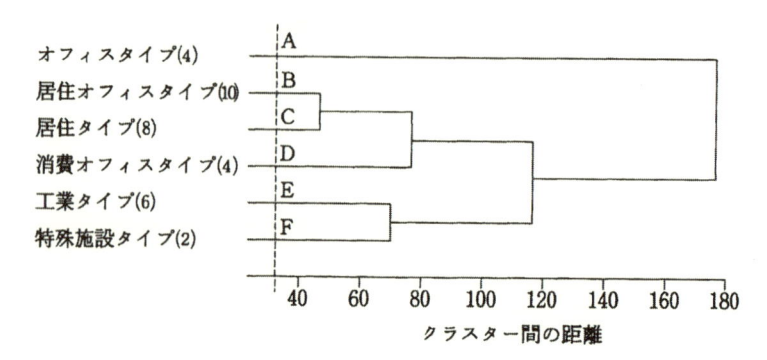

図 5-3　ゾーンに関するデンドログラム（第 26 段階以上）
出典　駒木伸比古 2004．通勤・消費行動からみた東京都市圏の空間構造．新地理 **52**，p.5

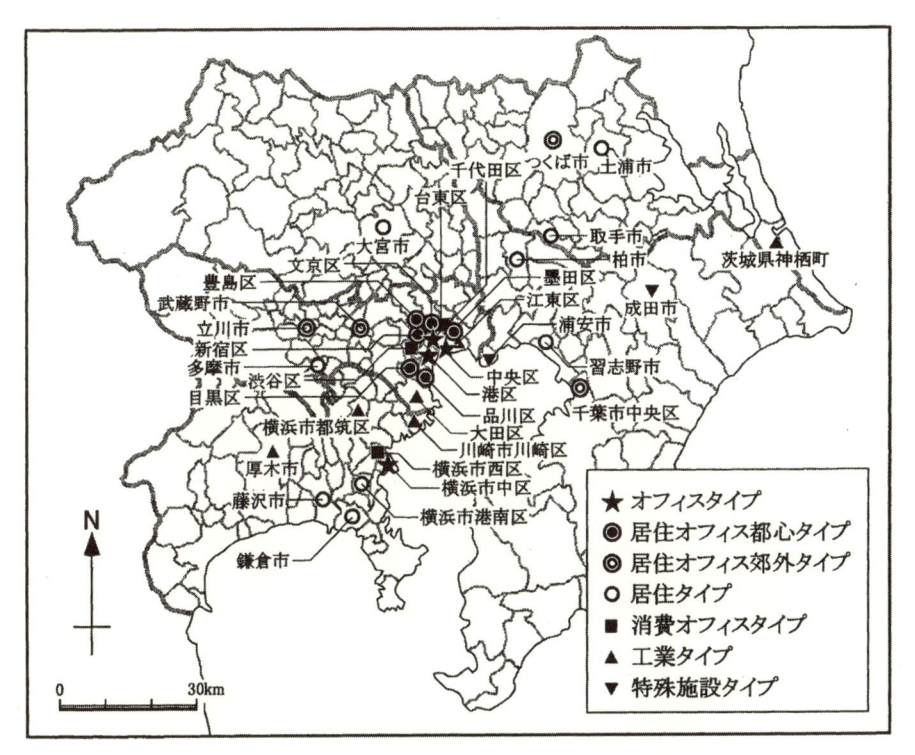

図5-4 クラスター分析によりグループ化された都市
出典 駒木伸比古2004．通勤・消費行動からみた東京都市圏の空間構造．新地理52, p.7

≪相互作用行列≫

　ネットワーク分析の1つであるグラフ・クラスタリング手法を援用し，都道府県間の宿泊旅行流動データにより国内の宿泊旅行圏の設定を試みた研究を紹介しよう（矢部直人2011．都道府県間流動データによる国内宿泊旅行圏の設定と休暇分散効果の検証．観光庁 第2回観光統計を活用した実証分析に関する論文（平成22年度），14p）．

　矢部は，宿泊旅行統計調査（観光庁）における都道府県間の宿泊旅行流動量をもとに，46行46列のO－D行列を作成した（都道府県内流動は除く）．ついで，この行列にクラスター分析を施し，圏域の抽出を行った（デンドログラムの図は省略）．分析過程では，ネットワークにおけるコミュニティ構造を表すモジュラ

リティ値が用いられ，44 ステップ目でモジュラリティ値が最大となったことを受けて，47 都道府県が 3 つの地域ブロックに分割された．

図 5-5 はデンドログラムに基づき設定された地域ブロックの結果である．東日本ブロック，西日本ブロック，九州ブロックの 3 つに分けられる．また，沖縄県は西日本ブロックに，そして山口県は九州ブロックに属していることにも注目したい．各ブロックの都道府県内では，相互に旅行が多く行われていることを示している．したがって実際の宿泊旅行行動を反映させた本分析の結果に基づき，「休暇分散化の地域ブロック」を設定すれば，この地域ブロック内では家族や友人と一緒に旅行ができる可能性が高まることが示唆されている．さらに論文中で矢部は，地域ブロックの分割過程において，モジュラリティ値だけでなくデンドログラムの形状にも注目し，図 5-5 で示された九州ブロックと西日本ブロックを統合してひとつの地域ブロックとすることを提案している．

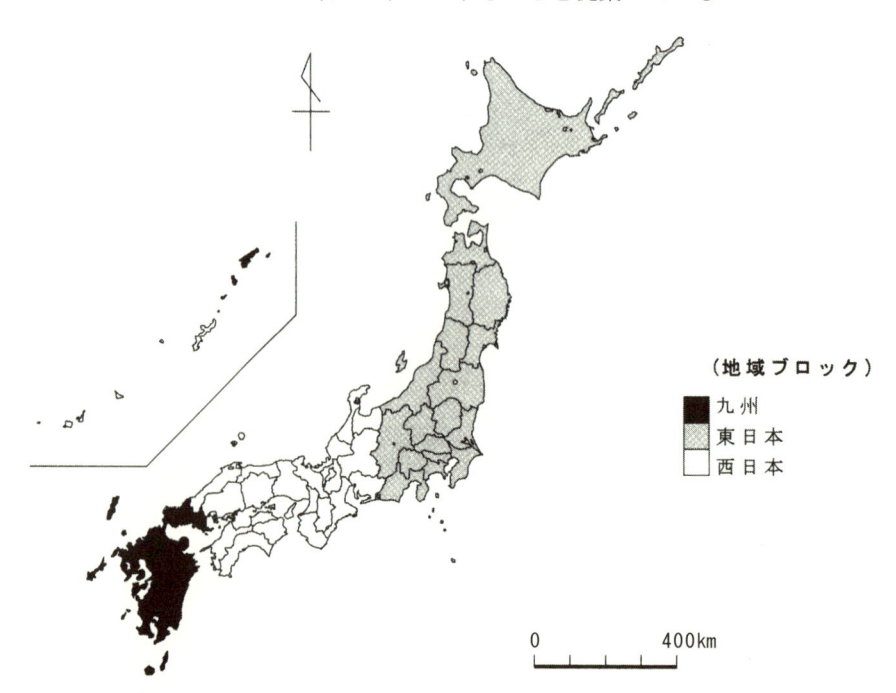

図 5-5　グラフ・クラスタリングにより抽出された地域ブロック（全国を 3 分割した場合）
出典　矢部直人 2011．都道府県間流動データによる国内宿泊旅行圏の設定と休暇分散効果の検証．観光庁 第 2 回観光統計を活用した実証分析に関する論文（平成 22 年度），p.10 を一部改変

なお，属性行列と相互作用行列のほかに，行に地域間ペア，列に属性を配置した相互作用型属性行列も存在する（第2章第3節参照）．この相互作用型属性行列にクラスター分析を施せば，地域間ペアに基づくグルーピングが行える．

## 4．因子分析・クラスター分析併用の等質的地域区分

等質的地域区分を行う際，属性行列にクラスター分析を施すと次の2つの問題が生じる．まず，属性の変数が多いと，クラスター分析を行っても各類型の解釈が困難になること，もう1つは，属性間に相関関係が成立してしまい，変数群が直交座標軸を形成しないことである．それゆえ，変数間の関係が無相関となるよう，変数群を変換することが必要になる．

これらの問題点を解決する方法の1つは，クラスター分析を行う前に因子分析（主成分分析）を適用して，変数群の次元を少なくすることである．この作業は，グループの解釈を容易にする．また，変数は直交変換され，各因子軸は互いに直交するので，各因子における因子得点同士を互いに無相関にすることができる．したがって，導かれた因子得点行列にクラスター分析を施せば，明瞭な地域区分が得られる可能性が高まる．図5-6に，一連の分析手続きをフローチャートで示す．

以上の方法にしたがって，等質的地域区分を試みた事例を紹介しよう（仁平尊明 2006．農業経営に関する総合的な指標からみた日本の農業地域区分—多変量解析とGISの適用．人文地

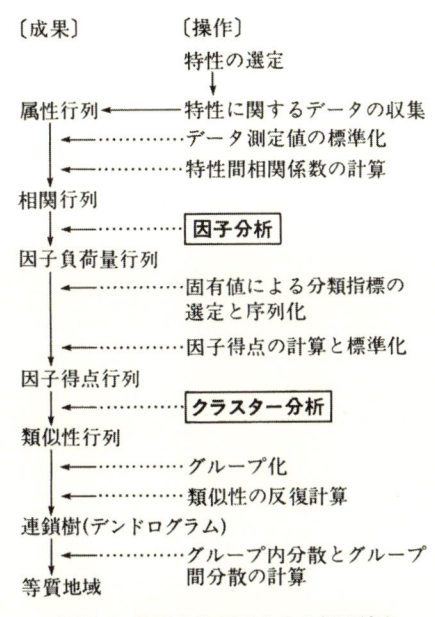

図5-6 等質的地域区分の分析手続き
出典 奥野隆史 1973．定量的地域区分の実際．石水照雄・奥野隆史編『計量地理学』共立出版，p.194を一部改変

理学研究 **30**: 69-98).

　仁平は，日本の 3,336 の市区町村を対象に，農業経営に関する 42 個の地域属性を取り上げ，3,336 行 42 列の属性行列を構築した．まず，この行列に因子分析（主因子分析法）を施し，固有値 1.0 以上の 8 因子を導いた．この 8 因子で，全変動の 68.5% が説明された．次に，バリマックス回転を施し，負荷量行列の構成から，それぞれの因子を導出した．第 1 因子は「農業従業人口の多さ」，第 2 因子は「稲作の割合の少なさ」，第 3 因子は……と解釈された．

　ついで，3,336 行 8 列の因子得点行列に，ウォード法によるクラスター分析を施した．図 5-7 は，分析結果をデンドログラムで表示したものである．べき乗とクラスター数との関係から図中に示されるように A から E までの 5 つのグルー

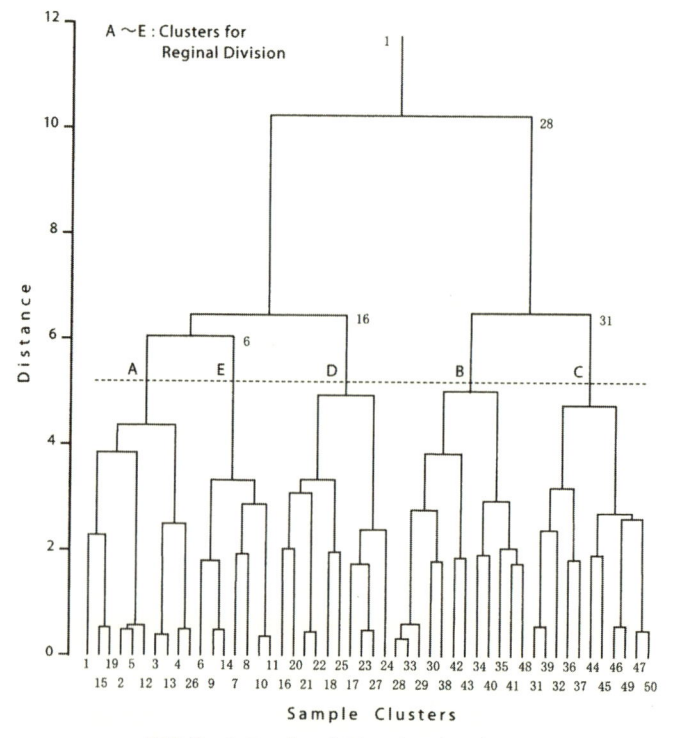

**図 5-7　クラスター分析のデンドログラム**

出典　仁平尊明 2006．農業経営に関する総合的な指標からみた日本の農業地域区分－多変量解析と GIS の適用．人文地理学研究 **30**, p.89

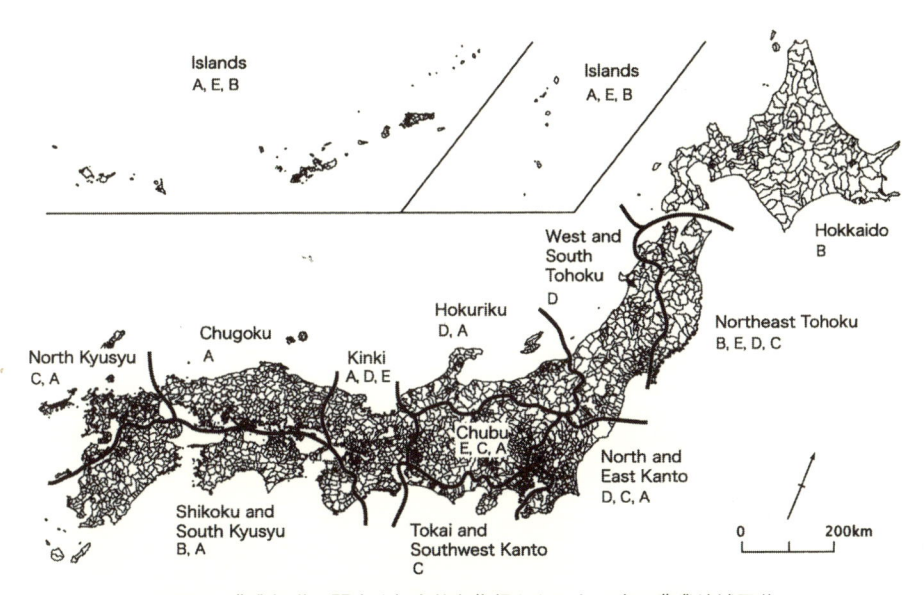

図5-8 農業経営に関する総合的な指標からみた日本の農業地域区分
出典 仁平尊明 2006. 農業経営に関する総合的な指標からみた日本の農業地域区分－多変量解析とGISの適用. 人文地理学研究 30, p.90

プが導かれた．図5-8は，クラスター分析の結果をもとに，農業経営からみた日本の農業地域区分を視覚的・経験的に抽出して地図化したものである．日本は12の農業地域に区分された．この区分は多変量解析を利用していない既存研究に示されている農業区分と大きく異なるものではなく，経験的に知られた地域区分を定量的な手法によって実証できたとも言えるだろう．

## 5．クラスター分析の参考文献

クラスター分析に関する文献は，多変量解析の他の手法と比べると少ない．クラスター分析を包括的に理解するには，上田尚一 2006『クラスター分析（講座・情報をよむ統計学）』朝倉書店，西田英郎訳 1988『クラスター分析とその応用』内田老鶴圃，新納浩幸 2007『Rで学ぶクラスタ解析』オーム社，などが参考になる．

# 第6章

# 地域事象間の関連を探るのに役だつ 正準相関分析

## 1．正準相関分析とは

　第3章で取り上げた重回帰分析では，1つの被説明変数 $y$ とそれを最もよく説明するいくつかの説明変数 $x_1, x_2, \cdots\cdots, x_p$ との線形結合，

$$\hat{y} = a_0 + a_1 x_1^* + a_2 x_2^* + \cdots\cdots + a_p x_p^* \tag{1}$$

を導いた．この場合，説明変数は複数個の多変量であり，被説明変数はただ1つの単変量である．

　しかし，目的によっては，被説明変数も多変量として扱わなければならない場合も生じてくる．たとえば，人口移動パターンの規定要因を探ろうとする場合，重回帰分析では，人口移動数を被説明変数，そして距離，賃金格差，就業機会の差，所得差などを説明変数として回帰式を構築することが多い．

　この場合，被説明変数はいわば総合値である．人口移動の内容を検討すると，男子あるいは女子の人口移動，若年・壮年・老年の人口移動，単身者の人口移動，労働者の人口移動，短期あるいは長期の人口移動など多様な分類が考えられる．これらのデータがもし存在するならば，被説明変数として人口移動数というただ1つの総合値を用いず，複数個の被説明変数を取り上げ，被説明変数群と説明変数群との間の相互関連性を多角的に探索してみたいと考える読者は多いであろう．

　このような考察に威力を発揮するのが，「正準相関分析」である．正準相関分析では，2つの（あるいはそれ以上の）変数群の相互関連性を相関関係に基づき計量的に把握する．被説明変数を複数個取り入れた回帰分析なので，重回帰分析を拡張した分析法ともみなせる．

また，正準相関分析は重回帰分析をその特別な場合として含む回帰分析の一般的な方法と考えられるだけでなく，一方の変数群を名義尺度のカテゴリカル・データとすれば，正準判別分析の特殊な場合に，また2組の変数群がともにカテゴリカル・データの場合には，数量化III類をその特別な場合として含む質的データの多変量解析の手法とみなすこともできる（柳井晴夫・高木廣文編1986『多変量解析ハンドブック』現代数学社）．

正準相関分析では，2つの変数群を，片方が説明変数群，もう一方が被説明変数群として必ずしも意識する必要はなく，両者を同一比重で取り扱ってもさしつかえない．被説明変数と説明変数との関係を特に強調する場合は，「回帰主成分分析」と呼ぶこともある．

正準相関分析においては，2組の変数群 $x_1, x_2, \cdots\cdots, x_p$，および $y_1, y_2, \cdots\cdots, y_q$ による合成変数，

$$X_k^* = a_1 x_1^* + a_2 x_2^* + \cdots\cdots + a_p x_p^*$$
$$Y_k^* = b_1 y_1^* + b_2 y_2^* + \cdots\cdots + b_q y_q^* \tag{2}$$

の相関係数を最大にするように，「正準（重み）係数」$a_1, a_2, \cdots\cdots, a_p, b_1, b_2, \cdots\cdots, b_q$ が定められる．$X_k^*$ と $Y_k^*$ は「正準変量」，そして $X_k^*$ と $Y_k^*$ との相関を「正準相関係数」と呼ぶ．このうち最大の係数を「第I正準相関係数」，そして $X_1^*$ と $Y_1^*$ を「第I正準変量」という．第I正準変量が決まると，次に $(X_1^*, Y_1^*)$ とそれぞれ無相関な総合特性値 $(X_2^*, Y_2^*)$ をそれらの間の相関が最大になるように求める．一般には，$(X_k^*, Y_k^*)$ を $\{X_1^*, Y_1^*: X_2^*, Y_2^*: \cdots\cdots: X_{k-1}^*, Y_{k-1}^*\}$ とそれぞれ無相関で $r_k$ すなわち $r(X_k^*, Y_k^*)$ が最大になるように決定する．このようにして求めた総合特性値 $(X_k^*, Y_k^*)$ を第 $k$ 正準変量，そして $r_k$ を第 $k$ 正準相関係数と呼ぶ．

重回帰分析では，複数の説明変数の線形結合と，単数の被説明変数との相関として重相関係数が定義されたが，正準相関分析では，2組の変数群における線形結合の相関として正準相関係数が定義される．正準相関係数の有意性検定には，一般にウイルクスのラムダ（λ）統計量が用いられる．

各正準変量に対する各地域の寄与の程度は，「正準得点」で示される．正準得点は，標準化した原データに正準（重み）係数を変数ごとに掛け，それらを総和した値である．

## 2. 地域分析における適用例

　正準相関分析は，地域分析ではなじみが薄く，適用事例もそれほど多くない．これまでの実証研究に利用された2組の変数群の例を列挙すると，都市構造と商業環境，都市活動と都市の結びつき，経済発展とハイウェーの近接性，機能的構造と人口変化，経済的特性と人種構成，等質構造と結節構造，人口移動の出発地と到着地，物資流動と社会・経済構造，通勤人口流動と社会・経済的特性，農家兼業と農業経営・農外就業，などである．

　ここでは，水田転作の地域的パターンに対して正準相関分析を適用した研究をとりあげる（大竹秀則・青柳光太郎 1998．東北地方における水田転作と地域農業構造との関連．季刊地理学 **50**: 105-118）．大竹らは，東北地方405市町村における水田転作の対応方式とそれを規定する地域の農業生産構造を把握するにあたり，転作に関する11変数，農業構造に関する38変数の計49変数を用いた．405行11列と405行38列の2つの行列をデータとして正準相関分析を行った結果，2.5%水準で有意な10の正準変量が抽出された．

　各正準変量の正準（重み）係数は表6-1に示される．第I正準変量は，0.84と最も高い正準相関係数を有する．転作に関する変数では，「転作飼料作物率」が正の，そして「転作永年性作物率」が負のそれぞれ高い正準係数を示す．農業構造に関する変数では，肉牛粗生産額構成比，乳牛粗生産額構成比，普通畑率が正の高い相関関係，そして果樹粗生産額構成比，10 a当たり水稲収量，耕地率，生産組織参加率が負の高い相関関係を示す．

　第I正準変量については，転作に関する変数群に関して正準得点が正か負か，また農業構造に関する変数群に関して正準得点が正か負かによって，「正・正」「負・正」「正・負」「負・負」の4つの類型パターンが示される（図6-1）．「正・正」は肉牛および乳牛に重点を置き飼料作物の転作が見られるタイプに属する市町村であり，東北地方全域に広くみられるが，岩手県北部・東部，下北半島，秋田県，福島県浜通りなどで特に高い値を示している．一方，「負・負」は土地生産性が高く果樹に重点が置かれ，永年性作物の転作がみられるタイプであり，岩木盆地，福島盆地，山形盆地といった盆地部において多く分布している．「正・負」は肉牛および乳牛に重点を置きつつ普通畑の多いが永年性作物の転作がみられる

表6-1 正準負荷量

|  |  | 変量1 | 変量2 | 変量3 | 変量4 | 変量5 |
|---|---|---|---|---|---|---|
| 転作に関する変数 | A01 転作率 |  | −0.772701 | 0.445987 |  |  |
|  | A02 転作目標達成率 |  |  |  |  |  |
|  | A03 集団転作率 |  |  | 0.491834 |  | −0.387947 |
|  | A04 通年施行率 |  |  |  |  |  |
|  | A05 管理預託率 |  |  |  | 0.534111 | 0.679088 |
|  | A06 転作大豆率 |  |  |  |  |  |
|  | A07 転作飼料作物率 | 0.752616 |  |  | −0.503820 |  |
|  | A08 転作麦率 |  |  | 0.465889 |  |  |
|  | A09 転作永年性作物率 | −0.797307 | −0.420833 |  |  |  |
|  | A10 転作野菜率 |  |  |  | 0.416559 | −0.487324 |
|  | A11 他用途利用米率 |  | 0.552306 |  |  |  |
| 農業構造に関する変数 | B01 米粗生産額構成比 |  | 0.697710 |  |  |  |
|  | B02 野菜粗生産額構成比 |  |  |  | 0.617765 | 0.304881 |
|  | B03 果樹粗生産額構成比 | −0.795634 | −0.455931 |  |  |  |
|  | B04 肉牛粗生産額構成比 | 0.505815 |  |  | −0.371546 |  |
|  | B05 乳牛粗生産額構成比 | 0.513617 |  |  |  |  |
|  | B06 普通畑作物粗生産額構成比 |  |  |  |  |  |
|  | B07 畜産物粗生産額構成比 |  |  |  |  |  |
|  | B08 耕地率 | −0.430816 |  | 0.472173 |  |  |
|  | B09 水田率 |  | 0.747989 |  |  |  |
|  | B10 普通畑率 | 0.514728 | −0.549408 |  |  |  |
|  | B11 開田率 |  |  |  |  |  |
|  | B12 一戸当り経営耕地面積 |  |  | 0.511757 |  |  |
|  | B13 一戸当り水田面積 |  | 0.523290 | 0.432154 |  |  |
|  | B14 借入耕地面積率 |  |  |  |  |  |
|  | B15 基盤整備率（区画） |  |  |  |  |  |
|  | B16 〃 （道路） |  |  |  |  |  |
|  | B17 〃 （用水） |  |  |  |  |  |
|  | B18 〃 （排水） |  |  |  |  |  |
|  | B19 動力田植機普及率 |  | 0.517801 |  |  |  |
|  | B20 自脱型コンバイン普及率 |  | 0.484543 |  |  | 0.320452 |
|  | B21 農業就業人口の男子率 |  |  |  |  |  |
|  | B22 農業就業人口率 |  | −0.472285 | −0.518848 |  |  |
|  | B23 農業就業人口の高齢者率 |  |  |  |  |  |
|  | B24 60歳未満男子専従者のいる農家率 |  |  |  |  |  |
|  | B25 恒常的勤務者率 |  | 0.527956 |  |  |  |
|  | B26 販売なし農家率 |  |  |  |  |  |
|  | B27 稲作主業農家率 |  | 0.625404 |  |  |  |
|  | B28 複合経営農家率 |  |  |  |  |  |
|  | B29 専業農家率 |  | −0.511665 |  |  |  |
|  | B30 2兼農家率 |  |  |  |  |  |
|  | B31 一戸当り生産農業所得 |  |  | 0.458957 |  |  |
|  | B32 10a当り生産農業所得 | −0.727671 |  |  |  |  |
|  | B33 専従者一人当り生産農業所得 |  | 0.531694 |  | −0.330520 |  |
|  | B34 10a当り水稲収量 | −0.483600 |  | 0.432577 |  |  |
|  | B35 耕地利用率 |  |  |  |  |  |
|  | B36 農家率（混住化程度） |  |  |  |  | 0.334058 |
|  | B37 生産組織参加率 | −0.422935 |  |  |  |  |
|  | B38 水稲作業委託農家率 |  |  |  |  |  |
|  | 固有値 | 0.70115 | 0.67982 | 0.53811 | 0.43432 | 0.37733 |
|  | 正準相関係数 | 0.83735 | 0.82451 | 0.73356 | 0.65903 | 0.61427 |
|  | ウイルクスのラムダ | 0.00408 | 0.01366 | 0.04267 | 0.09239 | 0.16332 |
|  | カイ2乗 | 2,084.84 | 1,627.07 | 1,195.43 | 902.69 | 686.76 |
|  | 自由度 | 418 | 370 | 324 | 280 | 238 |

出典 大竹秀則・青柳光太郎 1998. 東北地方における水田転作と地域農業構造との関連. 季刊地理学 **50**, p.110-111

2. 地域分析における適用例　75

**図 6-1　第 1 正準変量の得点分布**
出典　大竹秀則・青柳光太郎 1998. 東北地方における水田転作と地域農業構造との関連. 季刊地理学 **50**, p.112 を一部改変

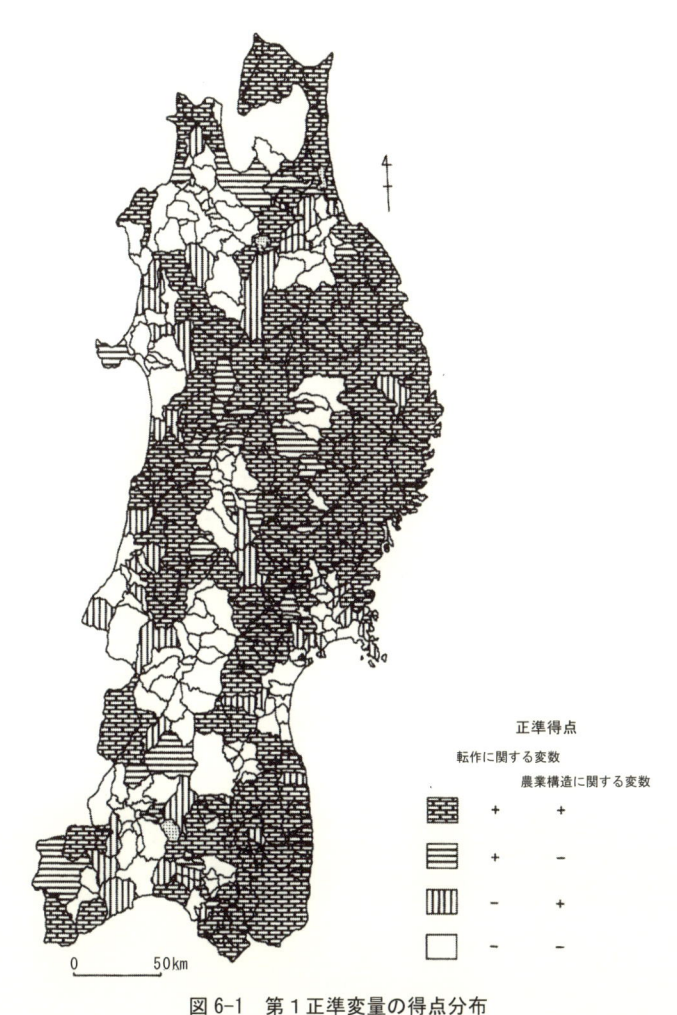

タイプ,「負・正」は, 土地生産性が高く果樹に重点が置かれるが飼料作物の転作が見られるタイプであるが,「正・正」,「負・負」に比べてこの 2 つのタイプに該当する市町村は少ない.

## 3．地理的場理論と正準相関分析

地理学における正準相関分析の有用性を最初に指摘したのは，アメリカ合衆国の計量地理学者，ベリーであろう．彼は，1960年代中葉に，「地理的場理論」（空間的行動の一般的場理論）を定立化し，正準相関分析を援用してその有効性を論証した（B. J. L. Berry 1966. *Essays on Commodity Flows and the Spatial Structure of the Indian Economy*. Univ. of Chicago, Dept. of Geography, Research Paper 111）．

ベリーは，「地域の社会・経済的特性と地域間相互作用（流動パターン）とは相互規定的で，基本的には異種同形の関係にある」という仮説を設定し，多変量解析の手法を駆使してこの仮説を検証した．彼は，インドを事例として，因子分析を用いて各種貨物の空間的流動パターンを導出し，同様に因子分析により導出した社会・経済的属性の空間パターンとの相互依存関係を正準相関分析により解明した．この地理的場理論は，その後の実証研究の蓄積によってその有用性が確認され，さらに方法論的な改良も試みられてきた．

ここでは，地理的場理論を日本の貨物流動に適用した研究を紹介する（村山祐司 1984．本邦における貨物流動の地域構造．経済地理学年報 **30**: 95-111）．この研究では，1980年の運輸省（現国土交通省）「全国貨物純流動調査」を用いて，30貨物の都道府県間起終点（O－D）行列が構築された．属性の指標には，社会・経済にかかわる40変数および近接性が選ばれた．対象地域は，沖縄県を除く46の都道府県である．

図6-2に具体的な分析手続きを示す．図の左段は，貨物流動パターンの導出手順である．はじめに，46（発地）×46（着地）×30（品目）のO－D行列体を用意する．そして，地域間ペアを行，品目を列とする2,070行30列の行列に再構成する．この行列に因子分析を施し，流動パターンの類似度にもとづき貨物流動の連結体系をみいだす．$p$個の因子を抽出し，2,070行$p$列の因子得点行列を導く．

図6-2の右段は，地域属性パターンの導出手順を示す．46(都道府県)行40(属性)列からなる属性行列に因子分析を施し，地域の社会・経済的特性を少数の共通因子にまとめる．導かれた46行$q$列の因子得点行列をもとに地域間ペア（46×45）を行，社会・経済的特性値を列とする2,070行$q$列の新しい行列を作成する．そ

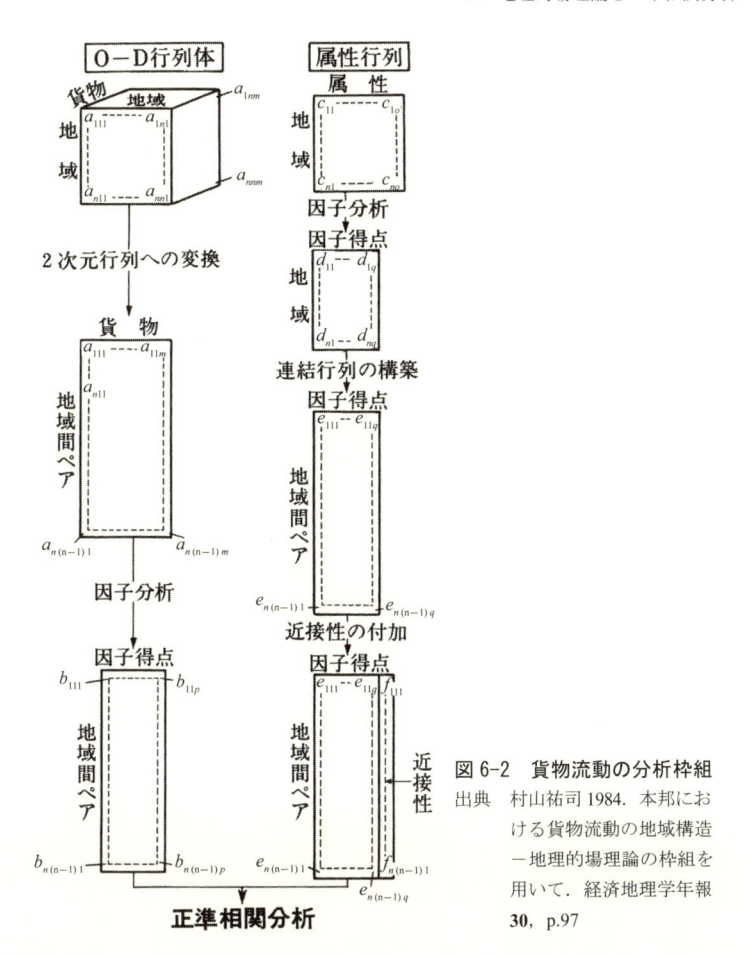

図6-2 貨物流動の分析枠組
出典　村山祐司 1984. 本邦における貨物流動の地域構造－地理的場理論の枠組を用いて. 経済地理学年報 **30**, p.97

して地域間近接性値をこの行列の最終列に付加し，2,070行 ($q+1$) 列の行列を構築する．最後に，前に求めた貨物流動パターンを示す2,070行$p$列の行列と今求めた2,070行 ($q+1$) 列の行列との相互関係を正準相関分析の適用により解明する．

　因子分析の結果，貨物流動に関しては6因子，地域属性に関しても6因子（すなわち$p$，$q$ともに6）が得られた．これにもとづき，2,070行6列の貨物流動に関する因子得点行列，そして近接性を加えた属性に関する2,070行7列の行列が構築され，正準相関分析を施した結果，表6-2に示す5つの正準変量が得られた．

表 6-2 貨物流動と地域属性の正準相関分析

| 因子 | | 正 準 変 量 | | | | |
|---|---|---|---|---|---|---|
| | | I | II | III | IV | V |
| 貨物流動に関する因子 | $Y_1$ | −0.74 | 0.68 | 0.11 | −0.19 | 0.02 |
| | $Y_2$ | −0.36 | −0.48 | −0.75 | 0.26 | 0.04 |
| | $Y_3$ | −0.21 | −0.01 | 0.09 | 0.50 | 0.20 |
| | $Y_4$ | −0.23 | −0.54 | 0.63 | 0.30 | −0.03 |
| | $Y_5$ | −0.07 | −0.40 | 0.10 | −0.78 | 0.42 |
| | $Y_6$ | −0.09 | −0.20 | 0.09 | −0.17 | −0.94 |
| 社会・経済的活動に関する因子 | $X_1$ | −0.71 | 0.59 | −0.24 | 0.18 | 0.33 |
| | $X_2$ | 0.03 | −0.62 | −0.76 | 0.43 | 0.23 |
| | $X_3$ | −0.10 | −0.23 | 0.37 | 0.78 | −0.03 |
| | $X_4$ | 0.04 | −0.45 | 0.28 | −0.15 | 0.91 |
| | $X_5$ | −0.14 | 0.13 | 0.59 | 0.31 | 0.10 |
| | $X_6$ | −0.03 | 0.15 | 0.66 | −0.31 | 0.34 |
| 近 接 性 | $X_7$ | −0.58 | −0.87 | −0.05 | −0.18 | −0.25 |
| 正準相関係数 | | 0.842 | 0.545 | 0.415 | 0.223 | 0.111 |
| ウイルクスのラムダ | | 0.159 | 0.546 | 0.777 | 0.938 | 0.987 |
| カイ2乗 | | 3791.5* | 1247.3* | 521.5* | 131.1* | 26.0* |
| 自由度 | | 42 | 30 | 20 | 12 | 6 |

注：1）＊印は1％水準で有意であることを示す
　　2）$Y_1$：工業製品の流動，$Y_2$：第1次産品および軽工業品の流動，
　　　　$Y_3$：農産品およびその関連品の流動，$Y_4$：化学工業品の流動，
　　　　$Y_5$：特殊品の流動，$Y_6$：薪炭および石炭の流動，
　　　　$X_1$：都市的活動，$X_2$：農村的活動，$X_3$：港湾的活動，
　　　　$X_4$：鉱業的活動，$X_5$：第1次産業的活動，$X_6$：人口増加度，
　　　　$X_7$：近接性

出典　村山祐司 1984. 本邦における貨物流動の地域構造－地理的場理論の枠組を用いて．経済地理学年報 30, p.109

　第Ⅰ正準変量における正準相関係数は，0.842とかなり高い．この正準変量は，貨物流動パターンでは，$Y_1$（正準係数 − 0.74）に対して負の高い相関を示す．一方，地域的属性パターンでは，$X_1$と$X_7$に対して高い負の相関を示す．したがって，第Ⅰ正準変量は次のように解釈できる．工業製品の地域的流動パターンと，地域間ペアにおける都市的活動度および地域間の近接性値とはきわめて高い相互依存関係にある．いいかえれば，工業製品の流動量は，発地・着地の両地域における都市的活動が卓越すればするほど多く，しかも両地域間の近接性が高い，つまり

両地域間の空間的距離が短いほどその流動量が多くなる．

　正準相関係数 0.545 を有する第 II 正準変量は，貨物流動パターンでは，$Y_1$，$Y_4$，$Y_2$ の正準係数が高い．一方，地域的属性パターンでは，$X_7$，$X_2$，$X_1$ の正準係数が高い．したがって，この変量に関しては次の点が指摘できる．化学工業品の流動そして第 1 次産品および軽工業製品の流動は，両地域間の近接性の高さ（空間的距離の短さ）および両地域間の農村的活動かつ鉱業的活動の卓越と対応関係にある．つまり，これら 2 種類の貨物の流動は，物流時間が短い地域間ペアで卓越し，しかも流動の発生・吸収地域では農村的活動が活発であり，また $X_1$ が逆相関していることからみて，都市的活動が顕著である地域同士は流動量が少ない．紙数の都合上省略するが，以下同様にして，第 III～第 V 正準変量についても意味のある解釈が可能である．

　以上，統計的に有意で解釈可能な 5 つの正準変量を導出することにより，貨物流動パターンと地域的属性パターンとの相互関係が確認できた．各地域が有する社会・経済的特性およびその地理的分布の相違性あるいは類似性が，貨物流動パターンを規定しており，その一方で貨物流動の地域間連結体系は，社会・経済的特性の空間構造を規定している．

## 4．正準変量の解釈のむずかしさ

　地域分析における正準相関分析の適用例が少ないのは，分析結果の解釈のむずかしさに起因する．正準変量の解釈は，一般に正準係数の大小によってなされる．重回帰分析では，被説明変数が 1 つなので，説明変数群の標準偏回帰係数のみに着目すれば，分析結果の解釈は比較的容易である．しかし正準相関分析では，被説明変数も複数個存在するので，両者の対応関係を明確に把握するのが難しい．たとえば，被説明変数群に正準係数の値が大きい変数が 2 個，そして説明変数群には 3 個存在するとしよう．もし，これら 5 つの正準係数がすべてプラスかあるいはすべてマイナスであれば，この正準変量は解釈が比較的容易である．しかし，プラスとマイナスの符号が混在している場合は 2×3 の 6 パターンが存在することになり，説明が非常に困難になる．

この問題を解決するために，次の2つの方法が提案されている．1つは，「正準構造行列」（正準変量ともとの変数群との相関行列）を導き出し，正準変量ともとの変数の相関関係に基づいて変量の中身を吟味するやり方である．正準変量が，もとの変数群のどの変量と高い相関を示すかを見い出すことによって，直接には得にくい正準変量の抽象的な意味を間接的に導き出せる．

 もう1つの方法は，「冗長性係数」の尺度を用いることである．この尺度は，正準構造ベクトルのノルムの平方和に正準相関係数を乗じたものを正準変量ごとに求め，それらを加えた値で示される．冗長性係数の値が大きいほど説明力が高い．詳しくは，柳井晴夫・高木広文編 1986『多変量解析ハンドブック』現代数学社を参照されたい．

 正準相関分析のもう1つのむずかしさは，正準得点の解釈にある．正準得点は，1つの正準変量に対して，説明変数群と被説明変数群の両者についてそれぞれ導き出されるが，それらがいかに関わりあっているかを判断するのは，かなり難解である．それゆえ，正準得点に基づき，各正準変量の分布図を描いた研究は多くない．

## 5．正準相関分析の参考文献

 M. S. レビン著，柳井・新田訳 1984『多変量相関分析の方法』朝倉書店は，正準相関分析の手順，正準変量の解釈，適用例などについて平易に解説しており，参考になる．君山由良 2006『多変量回帰分析・正準相関分析・多変量分散分析－多変量間の相関と因果関係の因子（統計解説書シリーズ A-16)』データ分析研究所は，正準相関分析の計算が可能な VBA プログラムを掲載している．

# 第7章

# 地域事象を空間上に布置するのに役だつ多次元尺度構成法

## 1. 多次元尺度構成法とは

　図7-1は，仮想地域における5集落の位置を示したものである．縮尺をもとにこれら5集落間の直線距離を測ることにより，表7-1のような距離行列を作成できる．

　ところで，視点をかえて集落間の直線距離が表7-1のように与えられていた場合，これをもとに5集落の空間的分布を図7-1のように地図上に復元するのは容易だろうか．集落間距離が正確に測定されていない場合，この作業は複雑な計算手順が必要になり，実は意外と手間がかかる．直線距離でなく道路距離などが与えられると，計算はかなり面倒である．このように各種の距離データ（時間，費用，心理距離なども含む）をもとに地図の復元を行いたいときに威力を発揮するのが，多次元尺度構成法［Multi-Dimensional Scaling］である．対象間の類似性（距離）が所与の時，これらをもとに対象を多次元空間上に，対象間の距離が類似性の構造をできるだけ損なわないように位置づける手法であり，Multi-Dimensional Scaling の頭文

図7-1　仮想地域における5集落の分布

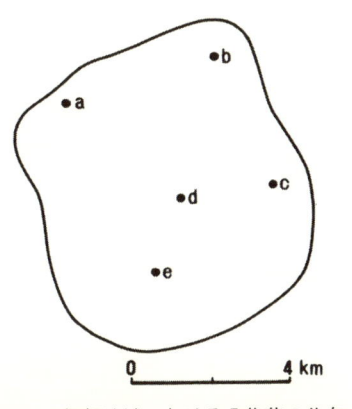

表7-1　5集落間の距離行列

（単位：km）

|   | a | b | c | d | e |
|---|---|---|---|---|---|
| a | 0 | 3.9 | 5.5 | 3.6 | 4.7 |
| b | 3.9 | 0 | 3.5 | 3.6 | 5.5 |
| c | 5.5 | 3.5 | 0 | 2.3 | 3.7 |
| d | 3.6 | 3.6 | 2.3 | 0 | 1.9 |
| e | 4.7 | 5.5 | 3.7 | 1.9 | 0 |

字をとって，MDS 法とも呼ばれる．類似性の低い対象どうしは離れ，類似性の高い対象どうしは近接する形で空間上に布置される．この手法の最大の利点は，図的表示により，データの背後に潜む潜在的構造を視覚的に把握し，直感的にその構造を理解できる点にある．

多次元尺度構成法は，1930 年代の後半から主として心理学の分野で発達してきた．とくに 1970 年代において，大型計算機の普及に伴い，理論面と応用面で大きな進展をみせた．多種多様なプログラムが開発されている．学問分野により，扱う事象はさまざまである．心理学者は視覚や聴覚の刺激の研究に，社会学者は交友関係・価値判断・社会的ネットワークなどの分析に，政治学者は国家間の政治体制の差異を明らかにするためにこの手法を利用する．また，経済学者は市場構造や消費者の反応・知覚の分析に，言語学者は各言語における単語・文法の類似度の測定に，文化人類学者は各文化集団の親近性をみるために，そして農学者は各品種の類似性や農業経営の解析に多次元尺度構成法を活用する．

地理学の分野では，消費者の顕示空間選好や認知空間の解析，交通ネットワークの構造把握，近接性の測定，時空間分析，拡散研究，人口移動のパターン解析，そして商業環境のイメージ測定などに活用されてきた．

多次元尺度構成法には多様な手法が存在するが，原理的には (1)「計量的多次元尺度構成法」と (2)「非計量的多次元尺度構成法」の 2 つに大別できる．前者は，メトリック MDS 法とも呼ばれ，何らかの操作によって距離に変換した比尺度の値をデータとする．一方，後者はノンメトリック MDS 法とも呼ばれ，距離の公理を必ずしも満たす必要はなく，順序関係を示したデータに基づく．

(1) 計量的多次元尺度構成法は，その開発の歴史が 1930 年代までさかのぼる．先導的役割を果たしたのはヤング，ハウスホルダーなどであり，やがてトーガソンにより体系化された．

(2) 非計量的多次元尺度構成法は，1960 年代に，シェパードとクラスカルによって研究が開始された．70 年代後半になると，理論面で活発な議論が展開され，多くの研究成果が蓄積された．データを比尺度とする制約を取り払ったことから，より柔軟で応用性に富み，特に，クラスカルの方法は，MDSCAL と呼ばれ広く活用されている．

これら2つの手法の中間に位置するものに，(3)準計量的多次元尺度構成法がある．距離の公理の一部を満たしていないデータの適用を可能にする手法で，林の $e_{ij}$ 型数量化理論はこの代表に位置づけられる．さらに，複数のデータ行列を扱う(4)2層3元多次元尺度構成法も使われる．たとえば個人（地理学の分野では地理的事象）の行動を考えた時，データによっては，個人の差によってパターンの相違がみられる場合がある．パターンに質的構造の差異が認められる場合は，層別せずに全体を一括して扱っても意味のある結果には到達できない．グループのデータに関しては，絶えずその均質性を疑ってかかるべきであり，対象を層別し，層ごとにデータを解析した方がよい．したがって，この手法は3方向の並びを構成する3次元のデータ行列体を用い，行列間に無視し得ない組織的な差異が存在することを前提とする．これまで，INDSCAL，3相MDS，PARAFAC，視点モデルなどの手法が開発されてきた．

## 2．多次元尺度構成法の手順

　対象間の関係が示せるようにデータは，正方行列の形で収集する．対象間の関係の尺度については，類似性，反応時間，代替性，親縁（近）性，混同性，連合，相関，相互作用などが考えられる．地理学では，時間距離，費用距離，心理的（認知）距離，近接性，相互作用量，拡散速度などが用いられる．
　続いて，復元すべき空間の次元数と逐次計算過程での点の移動量をコントロールするパラメータ（ステップ幅）の初期値を設定する．最初の点の布置，すなわち初期座標を定め，適用するアルゴリズムに基づき，初期座標上の点の位置を少しずつ動かし，最適な空間的布置が定まるまで反復計算を繰り返す．図7-2に，計量的多次元尺度構成法の一般的な手続きを示す．
　次元数をいかに設定するかは重要である．何次元の空間に布置するのが適切であろうか．4次元空間以上は図示するのが困難なので，通常は，2次元空間かあるいは3次元空間で示される．定めた次元に空間的布置がどの程度あてはまっているかは，「適合度」により判定する．ストレス，S－ストレス，単調性係数，逸脱係数などが考案されているが，一般にはクラスカルが提示した「ストレス」

が指標として広く利用されている．ストレスは，一種の因子未回収率ともいえる．残差平方和の平方根で示され，ストレスの値が小さいほど適合度が良い．また，ストレスは次元数が増加するにつれ小さくなり，近似度はそれに伴い良好になる．

クラスカルは，経験的ではあるが，ストレスの値に基づく適合度を，0.0（完全），0.025（極めて良い），0.05（良い），0.1（ややよい），0.2（拙い）と定めている．

冒頭で述べた表7-1のデータを2次元空間上に布置すれば，図7-1のように復元でき，この場合ストレスの値は0.0となる．しかし，測定誤差が伴ったり，また直線距離でなく時間距離や費用距離を用いたりすると，完璧な形で2次元空間に布置することができず，ストレスの値は大きくなる．

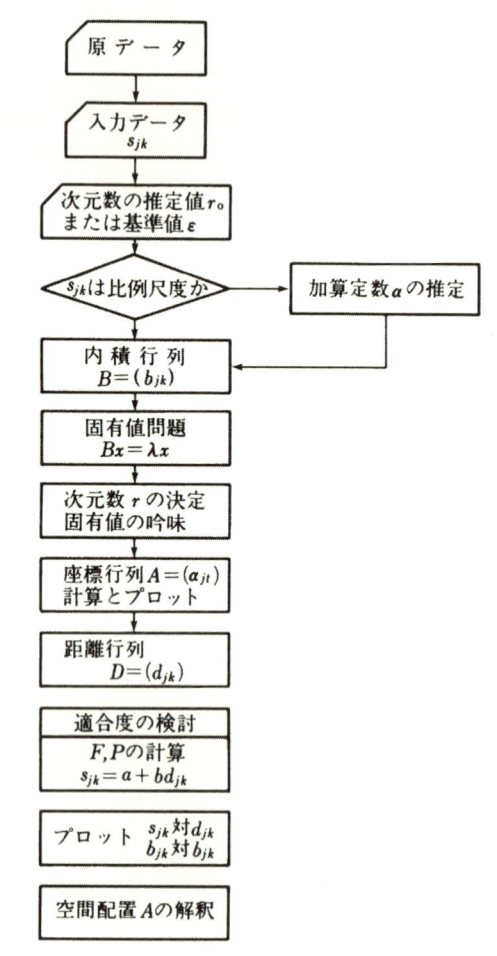

図7-2　計量的多次元尺度構成法の適用手順
出典　斎藤堯幸1989『多次元尺度構成法』朝倉書店，p.42

## 3．地域分析における適用例

欧米では，1970年代以降，空間的行動の研究において多次元尺度構成法が利用されてきた．日本では，空間的拡散研究に応用した杉浦の研究（杉浦芳夫1980.多次元尺度構成法（MDS）による空間分析とその拡散問題への応用．地

理学評論 **53**: 617-635）や鉄道距離を使って日本の時空間マップを描いた吉本の研究（吉本剛典 1981. 全国主要都市間時間距離の地図化の試み．地理学評論 **54**: 605-620）などが先駆的な業績としてあげられる．

## (1) 計量的多次元尺度構成法

この手法を適用するには，分析データが次の「距離の公理」をすべて満たす必要がある．

$$d_{ij} > 0, \ d_{ii} = 0 \tag{1}$$

$$d_{ij} = d_{ji} \tag{2}$$

$$d_{ij} + d_{jk} \geq d_{ik} \tag{3}$$

対象間の距離は正の値で，地点 $i$ から $i$ までの距離はゼロ……式（1）．$i$ から $j$ と $j$ から $i$ への距離は等しい……式（2）．時間距離をデータとする場合，もし往路と復路の時間が異なればこの公理を満たさない．式（3）は距離の三角不等式を示す．すなわち，$i$, $j$, $k$ の 3 点を頂点とする三角形を考えた場合，任意の 1 辺は必ず他の 2 辺の和よりも短いことを示す．時間距離や費用距離の場合，この条件を満足しない場合が多い．

ここでは，トブラーの計量的多次元尺度構成法をバスネットワークに適用した例を紹介しよう（伊藤　悟 1986. 長野県中信地域におけるバス交通ネットワークの時空間構造とその変化－1962～1982 年．金沢大学教育学部紀要（人文科学・社会科学編）**35**: 21-40）．伊藤は，長野県中信地域におけるバス交通網をもとに，70 の結節点間の時間距離行列を構築した．この行列にトブラーの手法を適用し，1962 年から 1982 年にかけてネットワーク構造がどう変容したかを考察した．図7-3 は，1962 年と 1982 年のネットワークにおける結節点の布置を，2 次元空間上に復元したものである．両年次の適合度（ストレス）は，それぞれ 0.12 と 0.10 であり，いずれも「まあまあ」の状態にある．

復元の結果，次のことが明らかになった．2 つの急行バス路線が中信地域を縦断していた 1962 年には，ネットワークが実際の物理的空間よりも南北方向では松本盆地に沿って縮小していたが，筑摩の山地や飛騨山脈のふもとの東西方向では拡大していた．1982 年になると，全域のネットワーク・パターンは相対的に

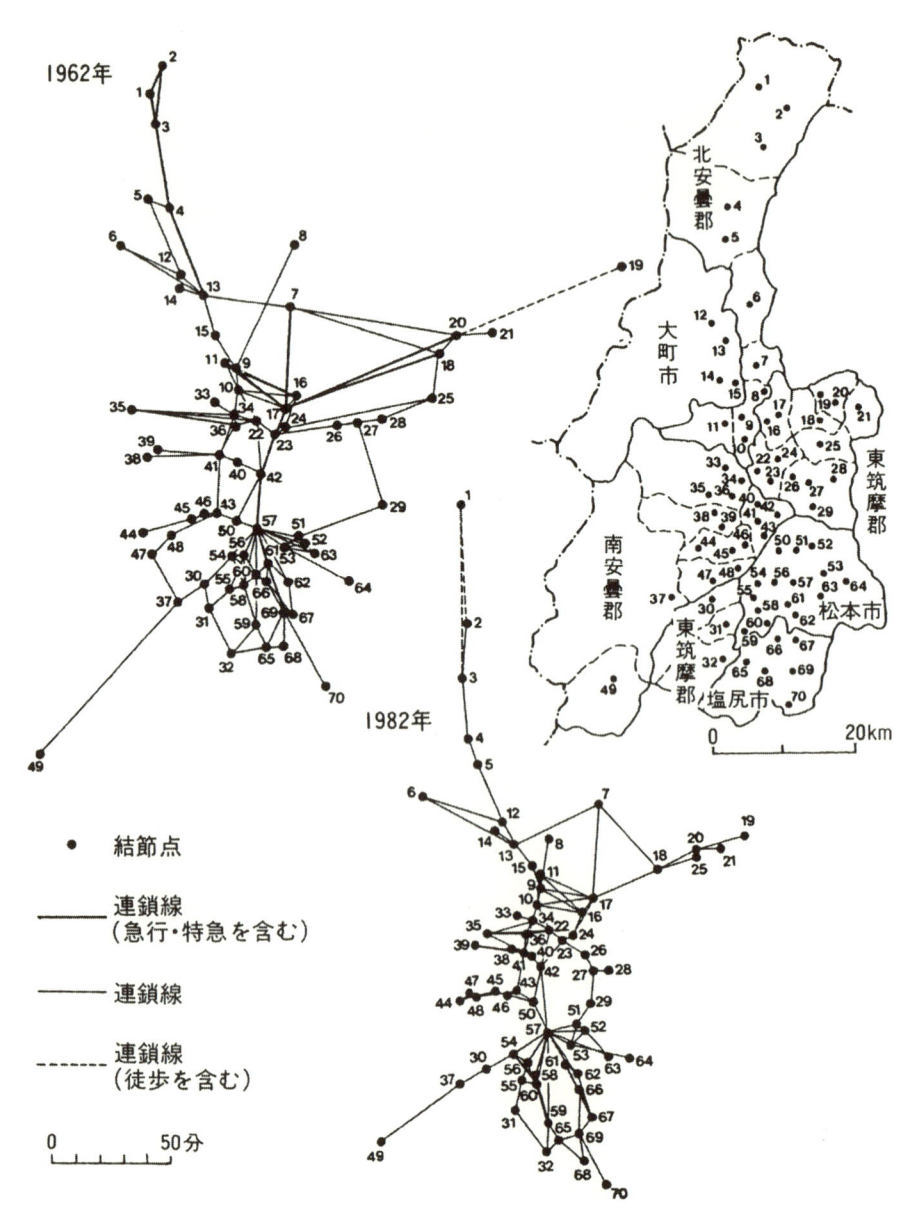

86　第7章　地域事象を空間上に布置するのに役だつ多次元尺度構成法

図 7-3　計量的多次元尺度構成法の交通網への適用

出典　伊藤　悟 1986. 長野県中信地域におけるバス交通ネットワークの時空間構造とその変化－1962～1982年. 金沢大学教育学部紀要（人文科学・社会科学編）**35**, p.23, 26, 27 より一部引用

縮小し，ゆがんだ空間構造は改善された．これは，路線網の拡大，道路の整備，運行速度や運行頻度の改善などによってもたらされた．

## (2) 非計量的多次元尺度構成法

都市間の時間距離，費用距離，認知距離などは，距離の公理を満たさないことが多い．このような場合に，非計量的多次元尺度構成法の適用が有効である．

ここでは，交通変革に伴う時間距離および費用距離の変化を扱った研究を紹介する（藤目節夫 1999．時間・費用空間距離から見た中四国地域の自動車交通空間の変化．地理学評論 72A: 227-241）．分析にあたり，藤目は5時点における中四国地方65都市間の走行時間および走行費用の行列（65行65列）を作成した．走行時間は，出発都市から到着都市までの，道路ネットワークおよびフェリー経

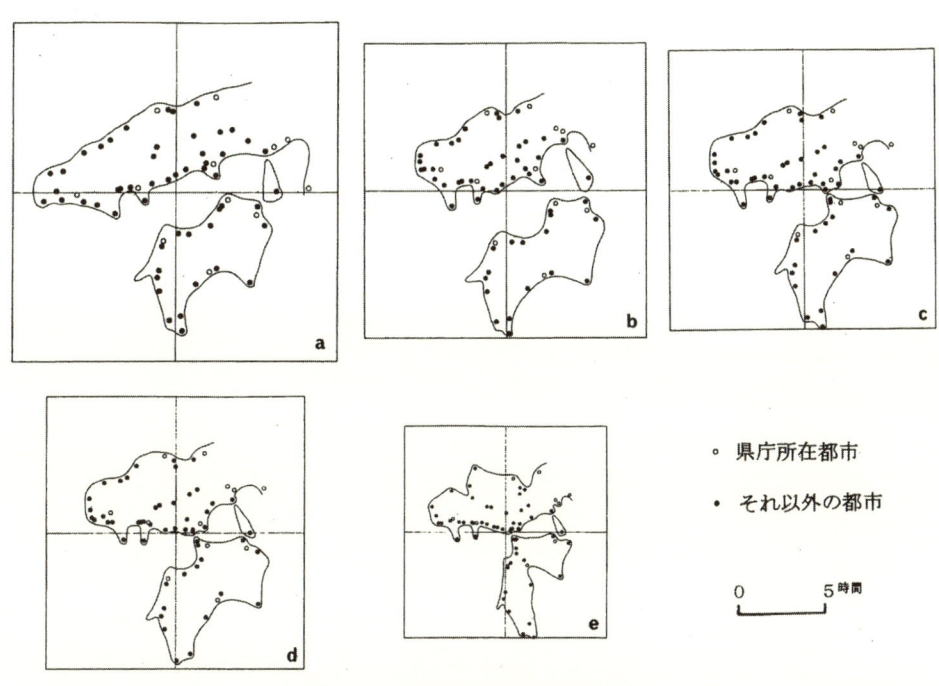

図 7-4 中四国地域の時間空間の変化
a：段階1(1970年以前)，b：段階2(1983年)，c：段階3(1988年)，d：段階4(1992年)，e：段階5(1997年)
出典　藤目節夫 1999．時間・費用空間距離から見た中四国地域の自動車交通空間の変化．地理学評論 72A, p.232を一部修正

路にもとづく所要時間である．利用する輸送機関の走行時間ばかりでなく，フェリーの乗り換えのための時間も含まれる．一方，走行費用は，ガソリン代，高速道路通行料金などの支払費用，そして移動に要した時間費用を合わせた値である．

　これらの年次別データに，それぞれ非計量的多次元尺度構成法を適用し，2次元空間上に位置を復元した．図7-4は，移動時間に基づく復元空間（時間空間）の年次変化を示す．この図から高速交通網が発達するにつれて，時間空間が縮小している過程が把握できる．さらに，段階2と段階3の間で本四架橋児島・坂出ルート（瀬戸大橋）が開通したのを受けて，架橋付近の都市群が近接性を高めるとともに，時間空間も全体的に圧縮されている．藤目は，移動費用についても同様の分析を行い（図省略），費用空間は時間空間に比べて縮小の度合いが小さいこと，そして高速交通体系整備によっても費用空間は拡大しなかったこと，を見いだしている．

## (3) 個人差多次元尺度構成法（2相3元非対称多次元尺度構成法）

　代表的な手法は，重み付きユークリッド距離を用いるINDSCALモデルである．ここでは，高校生の大学進学移動に応用した例を取り上げる（岡太彬訓・今泉忠 2006．非対称多次元尺度構成法の外部分析を用いた都道府県間大学進学移動の分析．行動計量学 **33**: 117-125）．

　岡太らは，1972年〜2002年までの30年間における47都道府県間の高校から大学への進学者数からなる2相3元非対称類似度データ（47×47×30の行列体）にこの手法を適用した．ストレス値の最小値は0.58であった．図7-5は，共通対象布置を示している．図には，東京都の半径を0としたときの各都道府県の半径が示されている．なお，表示が複雑になるため，地図に示すのは7都道府県（京都府と半径が最小である3都県および半径が最大である3県）に限定されている．

　図7-5には2軸が描画されている．次元1（第I軸）は東京と京都，すなわち2大進学圏間の大学進学移動の方向に，そして次元2（第II軸）は2大進学圏内の移動の方向にそれぞれ対応している．半径が小さいほど他の都道府県からの進学流入者が多い一方，進学流出者は少ない．半径が大きいほど都道府県から進学流入者が少ない一方，進学流出者が多い．各都道府県の半径の値を検討す

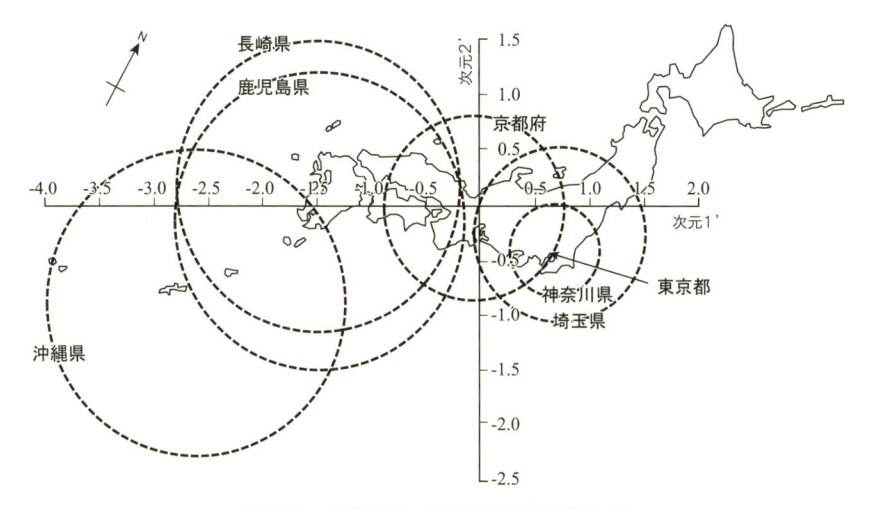

図 7-5　外部分析で得られた共通対象布置

出典　岡太彬訓・今泉　忠 2006. 非対称多次元尺度構成法の外部分析を用いた都道府県間大学進学移動の分析. 行動計量学 33, p.121 をもとに作成

ると（表省略），大都市圏に近い都道府県では半径が小さく，地方圏に向かうにつれて半径が大きくなる傾向が認められる．したがって，30年間に大学進学の傾向は，地方圏から大都市圏へと向かう上京指向が強くなっているといえる．

## 4．多次元尺度構成法の参考文献

　日本語で書かれた書籍では，高根芳雄 1980『多次元尺度構成法』東京大学出版会，斉藤尭幸 1980『多次元尺度構成法』朝倉書店，岡太彬訓・今泉　忠 1994『パソコン多次元尺度構成法』共立出版，千野直仁 1997『非対称多次元尺度構成法―行動科学における多変量データ解析』現代数学社，などが参考になる．林知己夫編 1984『多次元尺度構成法の実際』サイエンス社は，多次元尺度構成法がどんな分析に利用可能かについて，さまざまな応用例を示している．また，日本行動計量学会が発行する学術雑誌「行動計量学」の第33巻2号（2006年）では，特集「地理学における多次元尺度構成法の応用」が組まれ，5本の論文が上梓されている．

# 第8章

# 質的データを数量化するのに役だつ数量化理論

## 1. 数量化理論とは

　前述した重回帰分析や因子分析では，扱うデータは比例尺度で表された量的なものであった．しかし，地理学では，順序尺度や名義尺度で示されたデータを利用することも多い．順序尺度は，順序を有した測定値で，与えられた数の大小関係のみが意味をもつ尺度である．名義尺度は，例えば野球の背番号のように他と区別するために与えられた数で，「標識」としてのみの情報を担う尺度である．このような状態・程度・有無または，はい・いいえといった質的データに数量を与え，それを計量的に解析するのが「数量化理論」である．

　数量化理論は，ガットマンの予測の理論を嚆矢とし，林 知己夫氏によって体系化された．多変量解析のほとんどが欧米で開発されており，日本発のこの手法は貴重な存在である．数量化理論は，定性的属性のカテゴリーに適当な数値を与えることにより，量的データに変換し，定量的変数の場合と同様に多変量解析の適用をめざす独創的な手法である．

　数量化理論はⅠ類からⅣ類まで4つに大別できる（表8-1）．数量化Ⅰ類とⅡ類は外的基準がある場合に，そしてⅢ類とⅣ類は外的基準がない場合に適用される．

　「外的基準がある」とは，事前に情報が測定値として与えられていて数量化の基準になるもの，すなわちその変動を表現・説明することが数量化の目的であるような情報が存在することを意味する（第2章参照）．外的基準を最もよく表現・説明するように要因のパターンを導き出し，その外的基準に変量がどの程度影響を与えているか，または外的基準と変量相互間の因果関係はどのようであるかを解析する．

表 8-1　数量化理論の分類

| データの状況 | 外的基準の種類 | 最適化の基準 | 主要目的 | 数量化法の種類 | 量的データにおける対応手法 |
|---|---|---|---|---|---|
| 外的基準あり | 数量（量的） | 相関(重相関)係数最大化 | 予測 | 数量化Ⅰ類 | 重回帰分析 |
|  | 分類（質的） | 相関比最大化 | 同定 | 数量化Ⅱ類 | 判別分析 |
| 外的基準なし |  | 相関係数最大化 | 1次元尺度による分類 | 数量化Ⅲ類 | 主成分・因子分析 |
|  |  | 類似度と距離との積和の最適化 | 最小次元空間での分類 | 数量化Ⅳ類 | 多次元尺度構成法・クラスター分析 |

出典　岩坪秀一 1987『数量化法の基礎』朝倉書店，p.10 に一部付加

　一方，「外的基準がない」とは，測定データの中に基準となる変数が存在しないことを意味する．それゆえこの場合には，測定データを操作して，対象グループの中に何らかの構造を見つけ出す．したがって，多次元空間内にデータを縮約して表現し，それに基づいて分類することが主要な目的になる．

　数量化Ⅰ類，Ⅱ類は，形式的には名義尺度・順序尺度のデータを用いた重回帰分析，あるいは判別分析に相当する．数量化Ⅲ類は，量的データにおける主成分・因子分析，そしてⅣ類は多次元尺度構成法・クラスター分析に相当する．

≪数量化Ⅰ類≫

　Ⅰ類は，外的基準（目的変数）が量的に測定されており，それを定性的な要因に基づいて説明あるいは予測したい場合に適用する．被説明変数を最もよく予測・説明する立場にたって，質的変量 $x_1, x_2, \cdots\cdots, x_p$ を数量化する．したがって，Ⅰ類は質的データを用いて因果関係を分析する予測・説明モデルといえる．

　表 8-2（a）は，ある 9 都市の地域特性を示す．平均所得だけは比率尺度（定量データ）で表され，あとの 3 指標は定性的データである．各都市の平均所得($y$)が，大都市圏への近接性（$x_1$），人口規模（$x_2$），都市の性格（$x_3$）の 3 指標でどの程度説明が可能か検討してみよう．表 8-2（a）では，都市の属性が文（定性的表現）で示されている．まず表 8-2（b）の規則に基づき，それぞれの属性を数値化する．表 8-2（c）はその結果である．新しい変量 $z_1, z_2, \cdots\cdots, z_6$ は，それぞれ 1 か 0 の

## 1. 数量化理論とは

表 8-2 数量化 I 類のデータ構成

**(a) 9 都市の地域特性**

| 対象都市 | 平均所得 (万円/年間) | 大都市圏への近接性 | 人口規模 | 都市の性格 |
|---|---|---|---|---|
| A | 100 | 高い | 大 | 工業都市 |
| B | 140 | 高い | 大 | 商業都市 |
| C | 120 | 高い | 中 | 商業都市 |
| D | 110 | 中間 | 小 | 商業都市 |
| E | 80 | 中間 | 大 | 工業都市 |
| F | 70 | 低い | 中 | 農業都市 |
| G | 90 | 低い | 中 | 工業都市 |
| H | 60 | 低い | 小 | 商業都市 |
| I | 50 | 低い | 小 | 農業都市 |

**(b) 新しい変量（ダミー変数）**

| 変量 | 値 | 変量の値の定義 | もとの変量 |
|---|---|---|---|
| $z_1$ | 1 | 大都市圏への近接性が高い | 大都市への近接性 |
| | 0 | 大都市圏への近接性が高くない | |
| $z_2$ | 1 | 大都市圏への近接性が低い | |
| | 0 | 大都市圏への近接性が低くない | |
| $z_3$ | 1 | 人口規模が大きい | 人口規模 |
| | 0 | 人口規模が大きくない | |
| $z_4$ | 1 | 人口規模が小さい | |
| | 0 | 人口規模が小さくない | |
| $z_5$ | 1 | 都市の性格が工業都市である | 都市の性格 |
| | 0 | 都市の性格が工業都市でない | |
| $z_6$ | 1 | 都市の性格が商業都市である | |
| | 0 | 都市の性格が商業都市でない | |

**(c) 数量化したデータ行列**

| 対象都市 | 平均所得 (万円/年間) | 大都市圏への近接性 | | 人口規模 | | 都市の性格 | |
|---|---|---|---|---|---|---|---|
| | $y$ | $x_1$ | | $x_2$ | | $x_3$ | |
| | | $z_1$ | $z_2$ | $z_3$ | $z_4$ | $z_5$ | $z_6$ |
| A | 100 | 1 | 0 | 1 | 0 | 1 | 0 |
| B | 140 | 1 | 0 | 1 | 0 | 0 | 1 |
| C | 120 | 1 | 0 | 0 | 0 | 0 | 1 |
| D | 110 | 0 | 0 | 0 | 1 | 0 | 1 |
| E | 80 | 0 | 0 | 1 | 0 | 1 | 0 |
| F | 70 | 0 | 1 | 0 | 0 | 0 | 0 |
| G | 90 | 0 | 1 | 0 | 0 | 1 | 0 |
| H | 60 | 0 | 1 | 0 | 1 | 0 | 1 |
| I | 50 | 0 | 1 | 0 | 1 | 0 | 0 |

いずれかの値しかもたない特別な変量である．これは「ダミー変数」または「0－1型変量」と呼ばれる．また，検討する属性 $x_1$, $x_2$, $x_3$ はアイテム（要因），そしてそのアイテムに対する反応 $z_1$, $z_2$, ……, $z_6$ はカテゴリーと呼ばれる．さらに測定の対象となるもの（この場合9都市）は，サンプル（個体）と呼ばれる．

6個のダミー変数を用いれば，次の回帰モデルを設定することに帰着する．

$$f = b_0 + b_1 z_1 + b_2 z_2 + \cdots\cdots + b_6 z_6 \tag{1}$$

ここで $f$ は，平均所得の理論値を示す合成変量，$b_1$, $b_2$, ……, $b_6$ は偏回帰係数（各ダミー変数に対する重み），そして $b_0$ は定数項である．

式(1)で導かれる合成変量 $f$ と実際の平均所得 $y$ との相関係数が最大になるように未知の重み $b_0$, $b_1$, ……, $b_6$ を算出する．偏回帰係数は，平均所得を最もよく説明するために，3つの質的データに与えた数量である．つまり，外的基準 $y$ に対する各アイテム $x_1$, $x_2$, $x_3$ の影響の大きさを示す指標である．偏相関係数（絶対値）が大きいほど，そのアイテムの外的基準に対する寄与度が高い．表8-2の場合，大都市圏への近接性 $x_1$，都市の性格 $x_3$，人口規模 $x_2$ の順で寄与度が高くなっている．

3つのアイテム $x_1$, $x_2$, $x_3$ によって $y$ の変動をどの程度説明できるかは，重相関係数 $R$ によって判断できる．$R$ が1に近いほど信頼性が高い．重相関係数の2乗である $R^2$ は決定係数と呼ばれ，$y$ の変動のうち理論式で説明できる割合（適合度合）を示す．この事例では，重相関係数が 0.92，決定係数は 0.85 である．

≪数量化 II 類≫

I 類では，定量的な外的基準を定性的な要因に基づいて予測・説明する．これに対して，II 類では，定性的な外的基準を定性的な要因に基づいて予測あるいは判別する．II 類は，判別分析の質的データへの拡張ともいえる．各サンプルがグループ別に分かれるその要因を探りたいときや，また新たに得られたサンプルがどのグループに属するかを判定したり，予測したりするときに有効である．

表8-3(a)に11都市（A〜K）の地域特性を示す．工業都市と農業都市（農産物の集散地）に分類されたこれらの都市の性格が，他の属性によって判別できないか考察しよう．ここでは，他都市との経済交流，高齢者の割合，人口規模の

表 8-3　数量化 II 類のデータ構成

(a) 11 都市の地域特性

| 対象都市 | 都市の性格 | 他都市との経済交流 | 高齢者の割合 | 人口規模 |
|---|---|---|---|---|
| A | 工業都市 | 大 | 中間 | 大 |
| B | 工業都市 | 中 | 低い | 中 |
| C | 農業都市 | 中 | 中間 | 大 |
| D | 農業都市 | 小 | 高い | 小 |
| E | 農業都市 | 小 | 高い | 中 |
| F | 工業都市 | 大 | 低い | 大 |
| G | 農業都市 | 小 | 低い | 中 |
| H | 工業都市 | 中 | 中間 | 中 |
| I | 工業都市 | 小 | 中間 | 大 |
| J | 工業都市 | 大 | 低い | 小 |
| K | 農業都市 | 中 | 高い | 中 |

(b) 数値化したデータ行列

| 対象都市 | 都市の性格 $y$ | 他都市との経済交流 $x_1$ | 高齢者の割合 $x_2$ | 人口規模 $x_3$ |
|---|---|---|---|---|
| A |  | 3 | 2 | 3 |
| B |  | 2 | 1 | 2 |
| F | 工業都市 | 3 | 1 | 3 |
| H |  | 2 | 2 | 2 |
| I |  | 1 | 2 | 3 |
| J |  | 3 | 1 | 1 |
| C |  | 2 | 2 | 3 |
| D |  | 1 | 3 | 1 |
| E | 農業都市 | 1 | 3 | 2 |
| G |  | 1 | 1 | 2 |
| K |  | 2 | 3 | 2 |

注：1) 他都市との経済交流
　　　小→1，中→2，大→3
　　2) 高齢者の割合
　　　低い→1，中間→2，高い→3
　　3) 人口規模
　　　小→1，中→2，大→3

(c) 分析結果

| 対象都市 | 都市の性格 | サンプル・スコア | 判別結果 |
|---|---|---|---|
| A |  | -0.79 | 工業都市 |
| B |  | -0.13 | 工業都市 |
| F | 工業都市 | -0.46 | 工業都市 |
| H |  | -0.46 | 工業都市 |
| I |  | -0.06 | 農業都市 |
| J |  | -0.73 | 工業都市 |
| C |  | -0.10 | 工業都市 |
| D |  | 0.65 | 農業都市 |
| E | 農業都市 | 0.56 | 農業都市 |
| G |  | -0.09 | 工業都市 |
| K |  | 0.52 | 農業都市 |

注：判別境界値 = -0.066

3 つの属性によって，数量化 II 類に基づきその判別を試みる．まず，11 都市を工業都市と農業都市というグループに分類し，ついでダミー変数を用いて質的データを表 8-3 (b) のように変換してみる．このデータに II 類を施す．

同じグループに属するサンプル群の得点は離れるように，$x_1$, $x_2$, $x_3$ という各カテゴリーに数値を与えていく（柳井晴夫・岩坪秀一 1976『複雑さに挑む科学－多変量解析入門』講談社）．相関比（群間分散／全分散）を用いてこれを最大にするように，つまり 2 つの群の群間変動を全変動に対して相対的に最大になるようにカテゴリーの数値を決定する．カテゴリーの数値の大小により，外的基準

への影響の度合が判断できる．

　各サンプルがいずれのグループに属するかは，「サンプル数量」（サンプルスコア）を求めて判断すればよい．判別境界値により，サンプル数量が大きいか，小さいかによって，グループ分けが可能となる．表 8-3 の（c）に，各都市のサンプル数量を示す．判別境界値は－0.066 であるので，表 8-3 の判別は「おおむね良好」といえる．

　以上の手順により，外的基準が与えられていない（つまり工業都市か農業都市か未知である）新たな都市が，いずれのグループに属するかが判断できる．

**≪数量化 III 類≫**

　III 類は，名義尺度や順序尺度などで示される質的データを一定の基準に基づいて量的データに変換することによって，変量の潜在構造を探ったり，測定対象を分類したりする手法である．主成分分析や因子分析と考え方が近い．

　都市間の連結関係に注目してみよう．1980 年代頃より，地方公共団体では事務作業の電子化・自動化を積極的に進めてきた．オンラインで結び，他市町村との事務連絡の円滑化を推進する施策である．ここでは，地方の小 6 都市が，周辺の 5 つの大都市とオンライン連絡を計画していると仮定する．表 8-4（a）は，a～f の 6 つの小都市が，大都市 A～E のいずれとオンラインで結ぶことを望んでいるかを示している．

　この表において，都市と都市の結びつきになんらかの規則性は見出せないだろうか．ここでは，行と列それぞれにおいて都市を並べかえ，この表をもっと見やすい形に整理してみる．似ているパターンを近くに並べかえ，できるだけ「1」が対角線上に集まるようにする（表 8-4（b））．すると，オンライン化を計画している小都市は，（b e a）と（c f d）の 2 つに分けられそうである．また選ばれる側の大都市は，（B D E）と（A C）とにまとまりそうである．つまり（b e a）は（B D E）とのオンライン連結を望む一方，（c f d）は（A C）との連結を望むという構図がみえてくる．

　III 類では，このように行や列の並べかえを自動的に行い，アイテム間に存在する潜在的構造を見い出そうとする．6 つの小都市と 5 つの大都市の事例のように，III 類は外的基準がないとき，2 つの変量の相関が最も高くなるように順序を

表 8-4　数量化 III 類のデータ構成

(a) データ行列

| 都市 | A | B | C | D | E |
|---|---|---|---|---|---|
| a | 1 | 1 | 0 | 1 | 1 |
| b | 0 | 1 | 0 | 1 | 1 |
| c | 1 | 0 | 1 | 0 | 1 |
| d | 1 | 0 | 1 | 0 | 0 |
| e | 0 | 1 | 0 | 1 | 1 |
| f | 1 | 0 | 1 | 0 | 1 |

(b) 行と列の並びかえによる新行列

| 都市 | B | D | E | A | C |
|---|---|---|---|---|---|
| b | 1 | 1 | 1 | 0 | 0 |
| e | 1 | 1 | 1 | 0 | 0 |
| a | 1 | 1 | 1 | 1 | 0 |
| c | 0 | 0 | 1 | 1 | 1 |
| f | 0 | 0 | 1 | 1 | 1 |
| d | 0 | 0 | 0 | 1 | 1 |

注:「1」はオンライン連結の希望があることを示す.
「0」はオンライン連結の希望がないことを示す.

並べかえ,変数に順位を与える手法である.数学的には,III 類の適用は固有方程式を解くことに帰着する.

≪数量化 IV 類≫

IV 類では,測定対象間の類似性(親近性)を表すデータをもとに,似ているものが近づき,似ていないものが離れるように各測定対象に数量を与える.それを手がかりとして,できるだけ少ない次元の直交空間に各対象を布置して,視覚的にそれらの構造を探る.用いるデータは,行と列の個数が同数の正方行列である.この行列は関連性行列,類似性行列,親近性行列などと呼ばれる.

表 8-5 (a) は,3 つの都市を対象に,7 つの社会・経済的属性の高低を示している.これらの社会・経済的属性に関して,どの都市とどの都市が類似しているか,そして類似の程度はどれほどであるかを調べる.常識的に考えると,各属性の高低が一致する数が多いほど都市の性格が似ているといえる.そこでまず一致の度数に着目し,都市間の関係を表 8-5 (b) のよう

表 8-5　数量化 IV 類のデータ構成

(a) 3 都市の地域特性に関するデータ行列

| 都市 | 平均所得 | 都市の活力 | 民口規模 | 人物価 | 都市の風格 | 経済水準 |
|---|---|---|---|---|---|---|
| A | 1 | 1 | 1 | 2 | 3 | 1 | 2 |
| B | 1 | 1 | 2 | 1 | 2 | 2 | 3 |
| C | 2 | 1 | 2 | 1 | 3 | 3 | 2 |

注:高い→3,中間→2,低い→1

(b) 3 都市間の類似性行列

| 都市 | A | B | C | 計 |
|---|---|---|---|---|
| A | 7 | 2 | 3 | 12 |
| B | 2 | 7 | 3 | 12 |
| C | 3 | 3 | 7 | 13 |
| 計 | 12 | 12 | 13 | |

に表す．自都市はすべて一致しているので7になるが，他は数が大きいほど一致する割合が高い．最も社会・経済的属性が類似しているのは数値が3である都市群であり，数値が2のところは類似していないと判断される．この表からもある程度は類似の様子がわかるが，さらに各都市に的確な数値を与えてそれを空間上に布置すれば，より明確な関係性を導けるだろう．

数学的な計算手順は省略するが，IV類もIII類と同様，固有方程式を解いて最大固有値に対応する固有ベクトルを求めることに帰着する．2次元平面上に3都市の位置を指示すると，図8-1のようになる．近いほど類似してないことになる．したがって，3都市の中では都市Aと都市Bは，7つの社会・経済的属性から考察すると似ていないことがわかる．

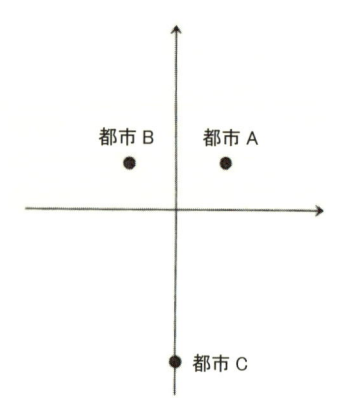

図8-1　2次元空間における都市の布置

IV類をさらに発展させた手法に，K－L型数量化法，e型数量化法，最小次元解析MDAなどがある．IV類は，前回述べた「多次元尺度構成法」とも密接に関連する．

## 2．地域分析における適用例

1970年代中葉以降，行動地理学の進展と呼応する形で，数量化理論は多くの地理学研究に利用されてきた．観光資源の評価＜II類＞（溝尾他，地理学評論 **48**，1975），メンタルマップ＜III類＞（中村，地理学評論 **51**，1978），購買行動パターンの要因分析＜I類とIII類＞（荒井，経済地理学年報 **25**，1979），消費者行動の要因分析＜II類＞（生田，人文地理 **31**，1979），消費者の認知・利用パターン＜III類＞（若林，地理科学 **37**，1982），消費者・買物行動＜II類＞（市南・星，人文地理 **35**，1983），観光行動＜III類＞（滝波，人文地理 **46**，1994；滝波，地理学評論 **69**A，1996），景観の評価＜I類とIII類＞（溝尾・大隅，人文

地理 35, 1983), 社会経済的属性と買物行動との関係＜I類＞（市南・谷村, 鳥取大学教育学部研究報告人文・社会科学 34, 1983), 都市のイメージ＜I類＞（内田, 地理学評論 59, 1986), 大都市のイメージ解析＜II類とIII類＞（山本, 総合都市研究 27, 1986), 景観構成要素の類型化＜III類＞（山口, 地理学評論 80, 2007), 観光案内書がもつ言説＜IV類＞（滝波, 地理学評論 68A, 1995年), 都市内における世帯移動＜II類＞（谷, 地理学評論 68A, 1995), 居住地移動の距離規定要因＜I類＞（山田, 地理学評論 65A, 1992), などがあげられる.

≪数量化 II 類の適用例≫

適用例として都市内居住地移動の特質を探った論文（谷　謙二 1995. 愛知県一宮市における都市内居住地移動. 地理学評論 68A: 811-822）を紹介しよう. 谷は, 移動後も中心部に残る世帯（残留世帯）と中心部から郊外へ移動する世帯（流出世帯）との属性の違いを明らかにする際に, 数量化 II 類を用いた.

61 の残留世帯と 56 の流出世帯について, 前住居での居住年数, 移動前の住居形態, 移動後の住居形態, 移動理由, 世帯主の年齢, 世帯構成の 6 指標を説明要因として II 類を適用し, 判別効果と要因効果を考察した.

得られた分析結果は表 8-6 のとおりである. 相関比は 0.32 であり, 基準化されたサンプルスコアの平均は残留世帯 −0.54, 流出世帯が 0.59 であった. 偏相関係数は, 移動後の住居形態, 前住居での居住年数, 移動前の住居形態, ……の順で高い. 次にカテゴリー数量の大小をみよう. 正の値は流出の方向に, 負の値は残留の方向にはたらく. 例えば最も影響の大きい移動後の住居形態をみると, 流出を強く示すカテゴリー, すなわち正の大きな値は一戸建て持ち家のみであり, 一戸建て持ち家を得るために郊外へ世帯が移動（流出）していると解釈できる. これらの結果から, 谷は, 移動後の居住形態, 前住居での居住年数, 移動前の居住形態の 3 つが判別には重要であることを指摘している.

≪数量化 III 類の適用例≫

住宅地の景観構成要素の類型化に III 類を適用した研究（山口太郎 2007. 戦前期に開発された郊外住宅地の景観の類型化−新宿区中井地区を事例として. 地理学評論 80: 525-540）をみてみよう. 山口は, 住宅地の景観問題に着目し, 各敷

表 8-6 数量化 II 類による分析結果

| アイテムおよびカテゴリー | 世帯数 | カテゴリースコア | レンジ | 偏相関係数 |
|---|---|---|---|---|
| 移動後の住居形態 | | | | |
| 　一戸建て持ち家 | 71 | 0.530 | | |
| 　光栄・公団・給与住宅 | 6 | 0.139 | | |
| 　分譲マンション | 17 | −0.655 | 1.782 | 0.387 |
| 　その他 | 5 | −0.957 | | |
| 　民間借家 | 18 | −1.252 | | |
| 前住居での居住年数 | | | | |
| 　5年未満 | 41 | 0.694 | | |
| 　5～10年未満 | 27 | 0.072 | 1.315 | 0.319 |
| 　10年以上 | 49 | −0.620 | | |
| 移動前の住居形態 | | | | |
| 　一戸建て持ち家 | 24 | 0.581 | | |
| 　光栄・公団・給与住宅 | 20 | 0.567 | | |
| 　民間借家 | 55 | −0.309 | 1.072 | 0.271 |
| 　分譲マンション | 12 | −0.443 | | |
| 　その他 | 6 | −0.491 | | |
| 世帯構成 | | | | |
| 　夫婦のみ | 22 | 0.557 | | |
| 　単身 | 6 | 0.373 | | |
| 　その他 | 8 | 0.305 | 1.433 | 0.229 |
| 　2世代 | 73 | −0.136 | | |
| 　3世代 | 8 | −0.875 | | |
| 移動理由 | | | | |
| 　その他 | 27 | 0.153 | | |
| 　住宅事情 | 69 | 0.151 | | |
| 　結婚など | 6 | −0.546 | 1.028 | 0.218 |
| 　生活環境 | 7 | −0.608 | | |
| 　職業関係 | 8 | −0.875 | | |
| 世帯主の年齢 | | | | |
| 　30歳代 | 48 | 0.293 | | |
| 　50歳代 | 20 | 0.048 | | |
| 　40歳代 | 26 | −0.018 | 1.117 | 0.217 |
| 　20歳代 | 8 | −0.272 | | |
| 　60歳以上 | 15 | −0.825 | | |

カテゴリースコアが正の場合は流出方向に影響し，負の場合は残留方向に影響する．
出典　谷　謙二 1995. 愛知県一宮市における都市内居住地移動. 地理学評論 **68**A, p.818

地の主要構造物や植栽，建物の階数，色彩，用途といった景観構成要素に関する指標から景観類型を行う際に，数量化Ⅲ類と第5章で紹介したクラスター分析を適用した．

山口は初めにサンプル794軒の景観構成要素に関する9項目62景観要素をカテゴリーとするデータにⅢ類を適用した結果，固有値0.2以上で4つの次元を導いた．しかし累積寄与率は16.4％と低かったため，サンプル数が90以下の景観構成要素を除外した22構成要素をカテゴリー変数とした794行22列のデータにⅢ類を再度適用した．その結果，固有値0.2以上の上位3軸で40.2％の累積寄与率が得られた．こうして得られたサンプルスコアにウォード法クラスター分析を行い，4つのグループに類型化した．その結果を地図に表現したのが図8-2である．グループごとに比較的明瞭な地域差があることが読みとれる．例えば，a)の「商・住併用を含む低・中層住宅」は谷底部に集中しているだけでなく用途地

a) 商・住併用を含む低・中層住宅

c) 敷地規模が大きく植栽の豊富な戸建て住宅

b) 前面にスペース等を持つ住宅

d) 中・小敷地規模の住宅＋諸施設

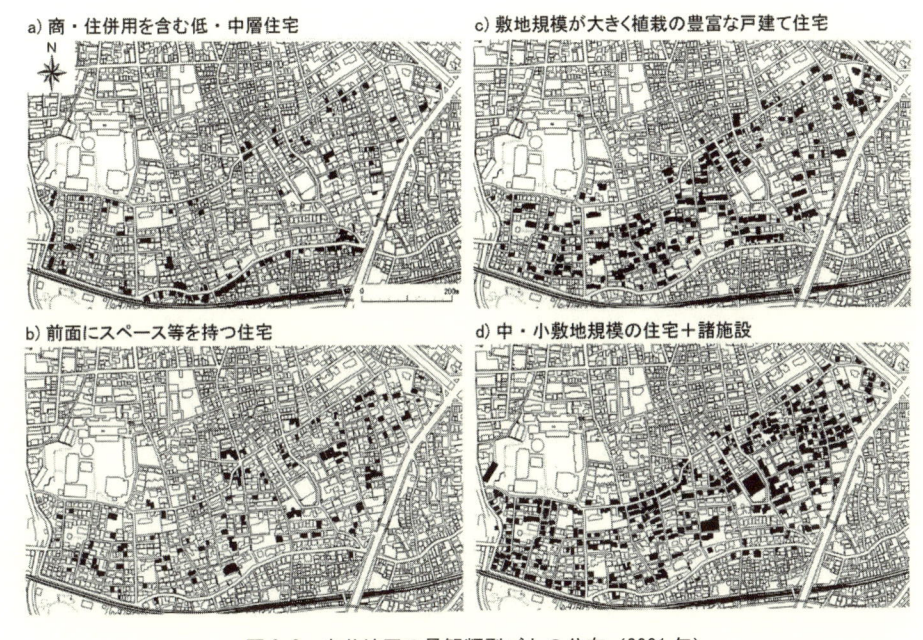

図8-2　中井地区の景観類型ごとの分布（2001年）

出典　山口太郎 2007．戦前期に開発された郊外住宅地の景観の類型化－新宿区中井地区を事例として．地理学評論 **80**，p.534，535 により作成

域の影響を強く受けている．b）の「前面に駐車スペース等を持つ住宅」は散在しているがいくつかの小規模なかたまりがみられる．またd）の「中・小敷地規模の住宅＋諸施設」は，c）の「敷地規模が大きく植栽の豊富な戸建て住宅」に比べて密集している．最終的に，山口は「敷地規模が大きく植栽の豊富な戸建住宅」がこの地区の景観に大きく影響していると結論付けている．

## 3．数量化理論の参考文献

　林　知己夫 1974『数量化の方法』東洋経済新報社，大村　平 1983『評価と数量化のはなし』日科技連，内田　治 2010『数量化理論とテキストマイニング』日科技連出版社，などは，数量化理論の概念や実践を理解するのに有用である．

# 第9章

# 地域分析に役だつその他の多変量解析

この章では，適用例は多くはないが，地域分析に有用なパス解析，判別分析，Q分析について説明する．

## 1. 因果関係を探るのに役だつパス解析

人口の高齢化が急速に進んでいる過疎地域がある．高齢化の原因を調べてみると，それは医療技術の進展と若年層の地域外流出という2つの要因によってもたらされたことが明らかになった（図9-1）．この場合，原因と結果は明確であり，この模式図の矢印（パスと呼ぶ）は一方向のベクトルで示される．人口の高齢化が医療技術の進展や若年層の地域外流出をもたらすわけではない．

**図9-1　原因と結果の因果関係**

このように，原因と結果が明瞭な場合，要因間の相関や関連性から因果関係を推論したり，因果的結合の強さを推定したりするのが「パス解析」である．パス解析は一種の相関・回帰分析とみなすことができ，関連性を示したパスダイアグラムからなる仮説モデルが構築される．パス解析は，1934年，生物統計学者のライトにより考案された．その後サイモン＝ブレイラック因果推論法，ガッドマン分析法，エラボレーションなど多様なモデルが考察された．

パス解析では，(1) 因果関係は一方向的で相互的でないこと，(2) 因果関係は

循環的でないこと，(3) 変数間の関係は加法，1次結合であること，(4) 残差変数（誤差項）と内生変数は無相関であること，(5) 残差変数は互いに無相関であること，(6) すべての変数は標準化（平均0，分散1）されていること，の5つの前提条件が仮定される．

パス解析の手順を，仮説のパスダイアグラムを用いて説明しよう（図9-2）．$X_1$と$X_2$はともに他の変数群から独立であり，外部の変数によってのみ規定されるので「外生変数」，$Y_3 \sim Y_5$はモデル内の他の変数群に影響されるので「内生変数」と呼ばれる．また$R_u$，$R_v$，$R_w$は，$Y_3$，$Y_4$，$Y_5$の各内生変数と関連するもので，「誤差（偶然）変数」と呼ばれる．直線の矢印（パス）は因果の方向を示し，両端の矢印のついた曲線は外生変数相互の間の相関関係を示す．

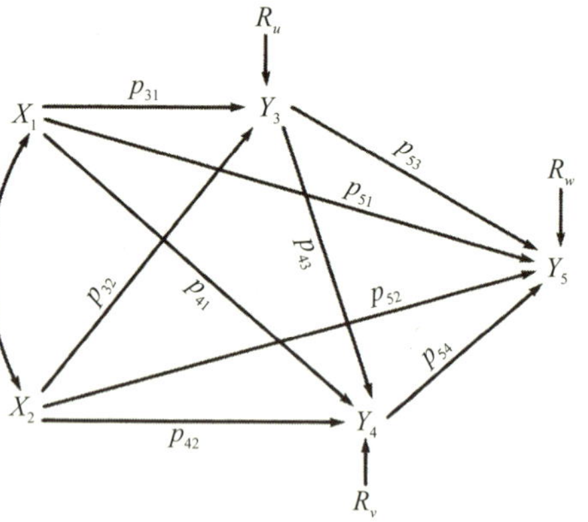

図9-2に基づき，各内生変数に対する因果の回帰方程式（構造方程式と呼ばれる）を構築すると次のようになる．

図9-2 パスダイアグラムの例

$$Y_3 = p_{31}X_1 + p_{32}X_2 + p_{3u}R_u$$
$$Y_4 = p_{41}X_1 + p_{42}X_2 + p_{43}Y_3 + p_{4v}R_v \tag{1}$$
$$Y_5 = p_{51}X_1 + p_{52}X_2 + p_{53}Y_3 + p_{54}Y_4 + p_{5w}R_w$$

この式における$p_{31}$，$p_{32}$，$p_{41}$，……は，「パス係数」と呼ばれる．一種の標準化偏回帰係数であり，因果関係が強いほど，この値は大きくなる．$p_{3u}$，$p_{4v}$，$p_{5w}$は，「残差パス係数」と呼ばれる．パス解析の手順は，式(1)の構造方程式に基づき，パス係数と残差パス係数を求めることに帰着する．$X_1$と$Y_4$との関連に注目すると，$Y_4$は$X_1$から直接影響を受ける$p_{41}$と，$Y_3$を経由して複合的な影響を受ける$p_{31}$と$p_{43}$に分けられる．前者を「直接効果」，そして後者を「間接効果」と呼ぶ．

≪地理学における適用例≫

パス解析は，1960年代以降，主として欧米における地域分析に利用されてきた．主な適用分野をあげると，投票行動（Cox, *AAAG* 58, 1968），都市内住宅の質的分析（Mercey, *Geographical Analysis* 7, 1975），認知地図（Golledge & Spector, *Geographical Analysis* 10, 1978），航空機騒音の抗議行動（Harvey 他, *Economic Geography* 55, 1979），人口移動の決定要因（Todd, *T.I.B.G.* 5, 1980），都市内人口移動の認知行動（Jones, *Geographical Analysis* 12, 1980），都市内住居のモビリティ（Cadwallader, *Urban Geography* 2, 1981），行動空間と社会・経済的特性（Spector, *Environment & Planning* 14A, 1982），教育達成度に対する居住環境の影響（Moulden & Bradfort, *Environment & Planning* 16A, 1984）などがある．

ここでは，国政選挙における棄権率の原因究明にパス解析を適用した研究を紹介しよう（泉谷洋平1998．棄権率からみた国政選挙と地方選挙の関係－コンテ

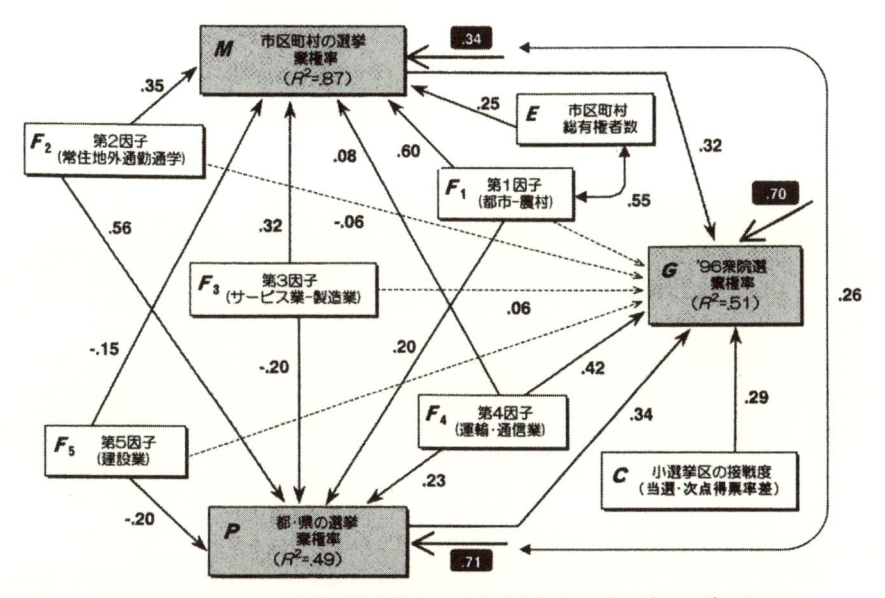

図9-3　1996年衆議院選挙棄権率と地方選棄権率のパスダイアグラム

出典　泉谷洋平1998．棄権率からみた国政選挙と地方選挙の関係－コンテクスチュアルな視点からの分析．人文地理 50, p.516

クスチュアルな視点からの分析．人文地理 **50**: 508-521)．泉谷は，有権者の社会経済的属性を因子分析により5つの因子を抽出したのち，選挙の棄権率がそれら5因子とどのような関係にあるのかをパス解析によって解明した（図 9-3）．影響力の大きさに差はあるものの，5つの因子は市区町村の選挙，都・県の選挙，衆議院選挙のいずれにおいても有意であることが明らかになった．さらに地方選挙の棄権率が，国政選挙の棄権率に対して大きな影響を持っていた．この結果から泉谷は，「政治システム全体への不信感による政治離れのために，ある場所の有権者が経験した地方選のしらけが，衆院選棄権率に波及する効果が十分な影響力を持っている」と結論づけている．

≪パス解析に関する参考文献≫

　パス解析を含む因果分析については，小塩真司 2008『はじめての共分散構造分析－Amos によるパス解析』東京図書，小塩真司 2010『共分散構造分析はじめの一歩－図の意味から学ぶパス解析入門』アルテ，などが参考になる．
　パス解析に類似した分析として，近年では共分散構造分析が広く用いられている．パス解析は観測された変数（「観測変数」）間の因果関係に着目するのに対し，共分散構造分析は観測変数を要約した「潜在変数」間の因果関係に焦点を当てる点に特徴がある．共分散構造分析を扱った書籍には，豊田秀樹による『共分散構造分析』シリーズ（朝倉書店）がある．豊田秀樹・前田忠彦・柳井晴夫 1992『原因をさぐる統計学－共分散構造分析入門』講談社，豊田秀樹 1998『共分散構造分析 事例編－構造方程式モデリング』北大路書房，朝野煕彦・鈴木督久・小島隆矢 2005『入門 共分散構造分析の実際』講談社，小島隆矢 2003『Excel で学ぶ共分散構造分析とグラフィカルモデリング』オーム社，豊田秀樹 2007『共分散構造分析 Amos 編－構造方程式モデリング』東京図書，なども参考になる．

## 2．地域事象の判別に役だつ判別分析

　ある県に，過疎化に悩む 20 の自治体があったとしよう．このうち 7 自治体は

過疎法の指定を受けており，残りの13自治体は受けていないとする．これら20自治体に関して，人口減少率，老年化指数，人口密度，人口流出率，近隣大都市までの距離，平均所得を示す20行6列の地理行列（20地域6属性）が存在する．このデータだけを用いて20自治体を，過疎法指定の地域群と非指定の地域群にグループ化できないであろうか．もしできれば，過疎法指定か非指定かが定まっていない他の自治体がどちらに属するか，あるいは将来過疎法の指定を希望している自治体がある場合，その自治体にとって指定を受ける可能性があるのかないのか，などが予測できよう．

判別分析は，すでに入手した情報にもとづき判別式を構築し，あらかじめ設定されたグループ（外的基準）のどれに属するのかを，対象の特性を数量化した説明変数を式に代入することによって，予測・判別する．前述の過疎地域の例を用いて判別分析の手順を説明しよう．説明が複雑になるのをさけるため，6つの地域属性のうち近隣大都市への距離と人口密度の2変数のみを用いて判別分析を試みる（図9-4）．$x_1$は近隣大都市までの距離，$x_2$は人口密度とすると，グラフ上に20地域が布置できる．この場合，$x_1$あるいは$x_2$単独では両群の分布が重なりあうため判別が良好でないが，両群の重なりあう部分を最も小さくするように直線$l$を引き，これと垂直に$Z$軸をとり，$Z$軸上に両群の分布を考えれば明瞭に判別できる．$Z$軸上の座標は，$Z$軸が$x_1 - x_2$平面上の直線であることから，$x_1$，$x_2$の線型結合で示される．

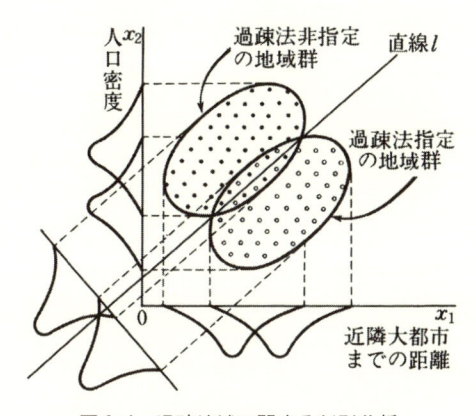

図9-4 過疎地域に関する判別分析

$$Z = a_0 + a_1 x_1 + a_2 x_2 \tag{2}$$

直線 $l$ と $Z$ 軸との交点を $Z$ がゼロになるように $a_0$ を定めると，当該地域がどちらのグループに属するかは，式（2）に代入して導かれた $Z$ の値が，正か負かによって判別できる．式（2）を「線型判別関数」といい，係数 $a_i$ を「判別係数」と呼ぶ．

≪地理学における適用例≫

コンビニエンスストアの出店に判別分析を用いた研究を紹介する（鈴木竜太・谷村秀彦 1997. GIS を利用したコンビニエンスストアの出店に関する研究．日本建築学会計画系論文集 **499**: 57-62）．彼らは，つくば市におけるコンビニエンスストアの立地を判定する際に，判別分析を適用した．

まず 5 種目の土地利用を明瞭に分類できる典型的メッシュ 1,037 について，208 町丁目に関する 6 変数および道路に関する 7 変数の計 13 変数を選定して判別分析を行った．すなわち，これらの変数群によってコンビニエンスストア出店の有無を判別した．表 9-1 がその結果である．コンビニエンスストアが出店している 51 町丁目のうち，判別分析により「出店していない」と判断された町丁目は 16，「出店している」と判断された町丁目は 35 であり，判別率は 68.6% であった．一方，コンビニエンスストアが出店してない 134 町丁目については，判別分析により「出店していない」と判断された町丁目は 110，「出店している」と判断された町丁目は 24 であり，判別率は 82.1% であった．全体としての判別結果の正答率は 78.4% となった．これらの結果を地図化したものが図 9-5 である．

表 9-1 判別分析の結果の正答率

|  | 実際の<br>町丁目数 | ＜判別結果＞<br>出店していない町丁目 | ＜判別結果＞<br>出店している町丁目 |
|---|---|---|---|
| コンビニエンスストアが<br>出店していない町丁目 | 134 町丁目<br>(100%) | 110<br>(82.1%) | 24<br>(17.9%) |
| コンビニエンスストアが<br>出店している町丁目 | 51 町丁目<br>(100%) | 16<br>(31.4%) | 35<br>(68.6%) |

出典　鈴木竜太・谷村秀彦 1997. GIS を利用したコンビニエンスストアの出店に関する研究．日本建築学会計画系論文集 **499**, p.60

3．地域構造の明確化に役だつQ分析　109

**図9-5　コンビニエンスストアの出店状況と判別分析**
出典　鈴木竜太・谷村秀彦 1997．GIS を利用したコンビニエンスストアの出店に関する研究．日本建築学会計画系論文集 **499**, p.61

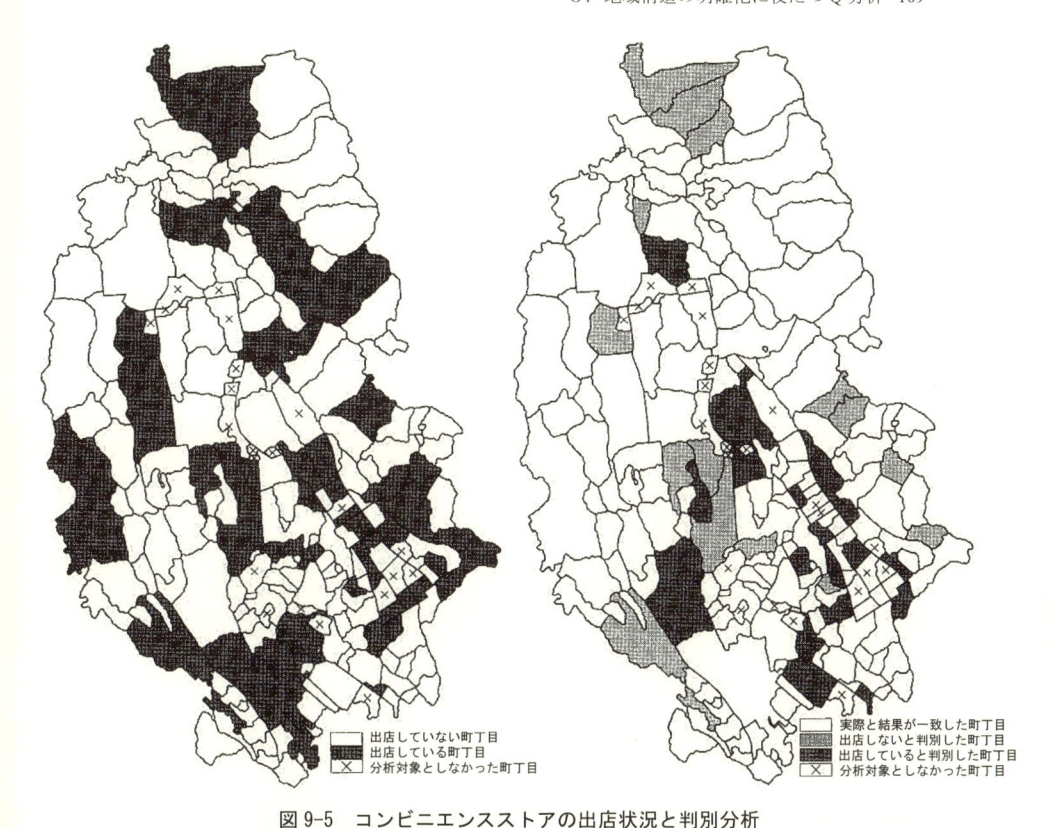

　中心部である学園都市地区と周辺部である農村地区における判別結果の差がよく表れている．とくに，中心部においては実際に出店していないにもかかわらず判別分析では「出店する」とされた町丁目が多い一方で，農村部ではその逆の結果がいくつかみられる．鈴木らは，こうした中心部と周辺部における判別結果の差から，個々の店舗の出店に際しては小売りの対象としてそれぞれ異なった利用者層を想定して出店が行われていること，そして世帯や自動車などといった比較的近距離の移動が多い町丁目だけでなく，観光客や就業者などといった異なる要因によって集客力のある町丁目に対してチェーンが出店を行っていることを指摘している．

## 3. 地域構造の明確化に役だつQ分析

Q分析は，数学者アトキンにより開発された幾何学的トポロジー解析の一種である．0と1で表された2値データ行列をもとに，行列内の構造や連結関係を探る手法である．

表9-2は，仮設7自治体における開発諸法令の指定状況を示している．ここで2つの集合を考える．1つは自治体の集合 $M$ であり，もう1つは指定法令の集合 $X$ である．

$$M = \{m_1, m_2, m_3, m_4, m_5, m_6, m_7\}$$

$$X = \{x_1, x_2, x_3, x_4, x_5, x_6, x_7\}$$

表9-2 仮設7自治体における開発諸法令の指定状況

| 開発諸法令 地域 | 都市計画法 $x_1$ | 農業振興法 $x_2$ | 山村振興法 $x_3$ | 過疎地法 $x_4$ | 離島振興法 $x_5$ | 辺地法 $x_6$ | 近畿圏整備保全区域 $x_7$ |
|---|---|---|---|---|---|---|---|
| $m_1$ | 1 | 1 | 0 | 0 | 0 | 0 | 1 |
| $m_2$ | 0 | 0 | 1 | 0 | 1 | 0 | 0 |
| $m_3$ | 1 | 0 | 0 | 0 | 1 | 0 | 0 |
| $m_4$ | 1 | 0 | 0 | 0 | 0 | 0 | 1 |
| $m_5$ | 0 | 0 | 1 | 0 | 1 | 0 | 1 |
| $m_6$ | 1 | 0 | 0 | 1 | 0 | 1 | 0 |
| $m_7$ | 1 | 0 | 0 | 1 | 1 | 0 | 0 |

このように定義すると，自治体 $m_1$ は3つの法令の指定を受けているので，次のように示せる．

$$\sigma_2(m_1) = \{x_1, x_2, x_7\}$$

ここで，$x_1, x_2, x_7$ を三角形の頂点と考えれば，$m_1$ は便宜的にその三角形の内部を示すとみなせる．この三角形は2次元空間に表示が可能なので，次元数は $\sigma_2(q=2)$ となる．同様に $m_2$ に関しては，次のようになる．

$$\sigma_1(m_2) = \{x_3, x_5\}$$

すると，$m_2$ は $x_3$ と $x_5$ を結んだ線分として示される．1次元空間に表示できるので，$\sigma_1(q=1)$ となる．このように考えると，$x_1 \sim x_7$ の位置関係は，図9-6のようになる．$m_1, m_3, m_6, m_7, m_5$ の5自治体は三角形の内部に，$m_2$ と $m_4$ の2自治体は辺上に示される．

次元数 $q$ で $m_1 \sim m_7$ を分類すると次のようになる．

$$q = 2 : \{m_1\}\{m_3\}\{m_6\}\{m_7\}\{m_5\}$$

$$q = 1 : \{m_1, m_4\}\{m_3, m_6, m_7\}\{m_5, m_2\}$$

3．地域構造の明確化に役だつ Q 分析　111

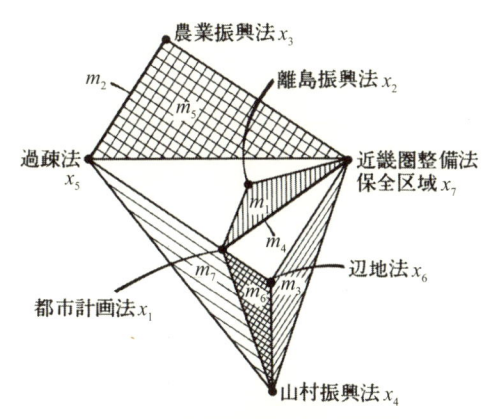

図9-6　自治体群の構造に関する図的表現

$$q = 0 : \{m_1, m_4, m_3, m_6, m_7, m_5, m_2\}$$

$q=2$ は三角形，$q=1$ は辺，$q=0$ は点で示される．$q=1$ において，$\{m_3, m_6, m_7\}$ はそれぞれ各辺を共有しているので1次元のセットとみなされる．$q=2$ は5セット，$q=1$ は3セット，そして $q=0$ は1セット存在する．従って，構造ベクトル $Q$ を用いると，次のようになる．小文字は次元数を示す．

$$Q = \{\overset{2}{5}, \overset{1}{3}, \overset{0}{1}\}$$

図9-7は，次元数に基づき地域群を類型化した結果である．

次に視点をかえて，指定法令群の分類をする．$m_1 \sim m_7$ の7自治体を頂点に据え，$x_1 \sim x_7$ の法令を図上に配置してみる（図9-8）．$x_1$ と $x_7$ は，それぞれ4地域に指定されているので，4頂点をもち，3次元空間上に4面体の内部として示される．$x_2$ の指定を受けている自治体は $m_1$ だけなので，図では点として示される．次元数に基づき指定法令群を分類すると次のようになる．

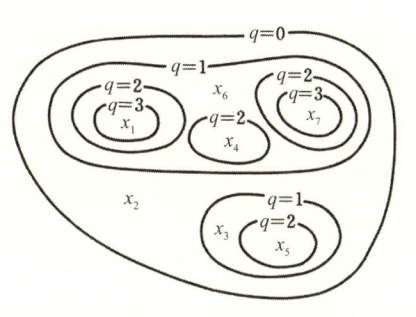

図9-7　次元数に基づく自治体群の類型化

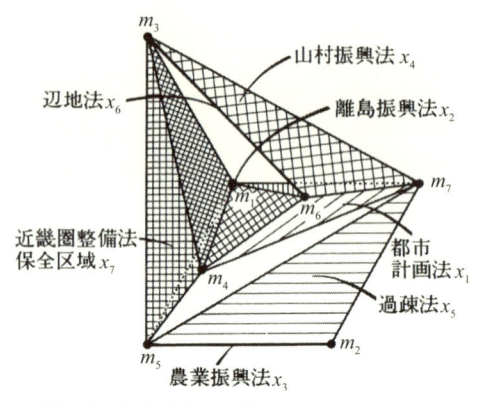

図 9-8　指定法令群の構造に関する図的表現

$q = 3 : \{x_7\}\{x_1\}$

$q = 2 : \{x_7\}\{x_5\}\{x_4\}\{x_1\}$

$q = 1 : \{x_7, x_4, x_1, x_6\}\{x_5, x_3\}$

$q = 0 : \{x_7, x_4, x_6, x_1, x_5, x_3, x_2\}$

構造ベクトル $Q$ は次のように示せる．

$Q = \{\overset{3}{2}, \overset{2}{4}, \overset{1}{2}, \overset{0}{1}\}$

図 9-9 は，次元数に基づき指定法令を類型化した結果である．

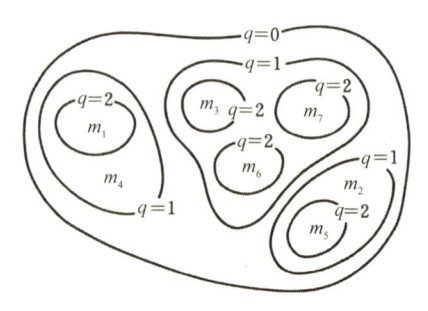

図 9-9　次元数に基づく指定法令群の類型化

≪地理学における適用例≫

　Q 分析の開発は 1970 年代前半に始まった．他の多変量解析と比べて，地域分析における適用例は多くない．定期市の研究（Johnston & Wanmali, *Geographical Analysis* **13**, 1981）や社会地区分析（Gatrell, *T.I.B.G.N.S.* **6**, 1981），人間－環境の相互関連（Gatrell, Discussion Paper 13, Dept. of Geogr. Univ. of Salford, 1981），道路交通システム（Johnson, *Environment & Planning B* **8**, 1981），都市システム（水野，行動計量学 **65**, 2006）などに利用されてきた．

≪Q分析に関する参考文献≫

手法・適用例を平易に解説したものとして，J. R. Beaumont & A. C. Gatrell 1982. An Introduction to Q-Analysis. *CATMOG* **34**（Geo Abstracts, Norwich）およびG. P. Chapman. Q-Analysis（N. Wrigley & R. J. Bennett eds. 1982. *Quantitative Geography*. Routledge & Kegan Paul, London, pp. 235-47）があげられる．また，*Environment & Planning B* **8 (3)** 1982 では，Q分析の特集が組まれている．日本語では，水野の論考が参考になる（水野　勲 1989. Q分析と地理学－地域の多様性・局所性への視点．史淵 **126**: 1-23）．

Q分析によく似た手法に，潜在構造分析（潜在クラス分析）がある．1つの母集団の中にいくつかの集団が存在するとき，その集団をどのように決定すればよいかを判定できる．ある地域群の集団を考え，地理事象に関して，イエス，ノーのように2分的反応によっていくつかのグループに分ける．各グループの大きさを推定し，さらに母集団内の各地域がどのグループに属するかを見いだす．研究例としては，東北地方における政令指定都市・中核都市の社会構造の把握を試みた松本の研究（松本和良 2004. 東北の政令指定都市と中核都市の潜在構造分析．*Sociologica* **28**（2）: 1-19）などが挙げられる．

第Ⅱ部

# 地域をいかに分析するか
― 地域分析の方法 ―

# 第10章

# メッシュに基づき分析する

　地域分析を行う際，データの集計単位としてよく用いられるのは，都道府県や市町村，町丁字といった行政界であろう．国勢調査や商業統計といった統計データの多くは，そうした集計単位によって作成され，公表されている．ここで，ある自治体A市の人口について，10年間の変化（例えば2000年と2010年との2カ年）を考察しよう．2000年と2010年それぞれの人口データは，国勢調査や住民基本台帳などから収集できる．しかし，実はA市は2007年に隣町のB町と市町村合併している．国勢調査や住民基本台帳には，2000年，2010年ともに「A市の人口」がそれぞれ記載されている．では，これらの値を単純に比較して良いだろうか．答えは当然「ノー」である．2000年のA市の範囲と，2010年のA市の範囲は異なるからである．この問題を解決するには，2000年の人口については，当時のA市とB町との合計値を用いなくてはならない．

　地域分析に用いられるデータの集計単位が変わると，データの見え方や分析の結果も変わってくる．このように集計単位が変わることによって生じる様々な問題を，「可変単位地区問題（Modifiable Areal Unit Problem; MAUP）」と呼ぶ（貞広幸雄 2003．可変単位地区問題．杉浦芳夫編『シリーズ＜人文地理学＞3 地理空間分析』48-60，朝倉書店）．地域分析を行う際には，データがどのような集計単位に基づいているか，確認する必要がある．膨大なデータについてチェックしていくのはなかなか骨の折れる作業である．この問題に左右されない集計単位が用いられている．それが以下で説明する「標準地域メッシュ」である．

118　第10章　メッシュに基づき分析する

# 1．標準地域メッシュとは

　統計データで用いられている「標準地域メッシュ（以下，メッシュ）」は，経緯度によって区切られた集計単位である．海外では「メッシュ（mesh）」ではなく，「グリッド（grid）」と呼ばれることが多い．大きさや形状がほぼ同一であるため，メッシュ間のデータの比較や年次変化を考察するのに適している．

　メッシュは第1次地域区画，第2次地域区画，第3次区画と階層構造になっている．さらに2分の1地域メッシュ，4分の1地域メッシュ，...と細分化される（図10-1）．これらは1次メッシュ〜5次メッシュと呼ばれており，それぞれ4ケタ〜10ケタまでのメッシュコードが付加されている．このため，メッシュコードさえ把握できれば，どの区画のデータであるかがわかる．また，経緯度によって設定されているため，年次による区画の変化がなく，時系列的変化を見る際に有効な集計単位と言える（橋本雄一 2012．標準地域メッシュ統計のダウンロードと地図化．橋本雄一編『増補版 GISと地理空間情報－ArcGIS10とダウンロードデータの活用』39-43，古今書院）．国勢調査，商業統計，

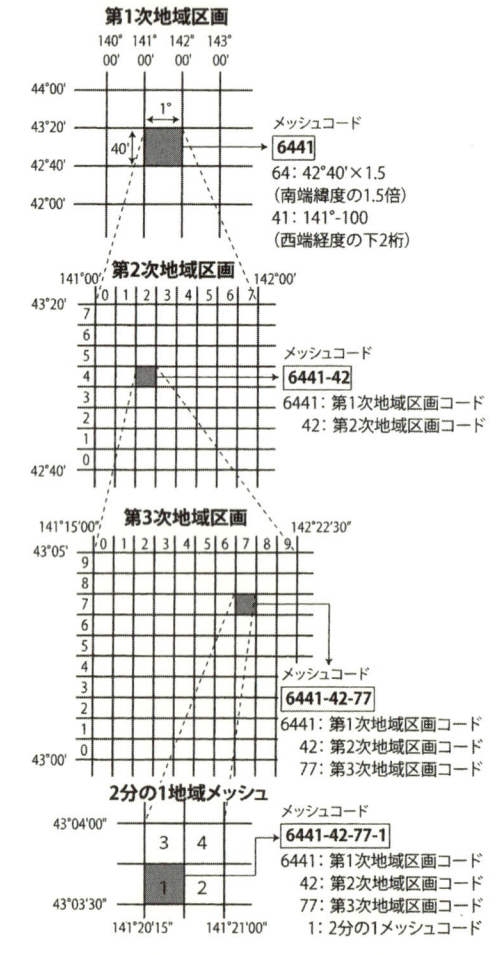

図 10-1　地域メッシュ区画の概要

出典　橋本雄一編 2012『増補版 GISと地理空間情報－ArcGIS10とダウンロードデータ活用』古今書院，p.40

工業統計などのデータが,「地域メッシュ統計」として総務省統計局により提供されている.

　メッシュを利用するにあたり,注意しなければならない点は,日本測地系と世界測地系の違いである.日本ではかつて独自の測地系である日本測地系を用いてきたが,2002年4月1日以降,世界的な基準で決定した測地系である世界測地系(JGD2000)に移行した.そのため,メッシュ統計の区画も2002年以降は世界測地系に基づくことになった.世界測地系によるメッシュ区画は,日本測地系の位置から,400～450mほど南東方向にずれている.メッシュコードに変化はないが,区画は大きく異なる.この点に注意しておかないと,年次変化を見る際に誤った分析結果を導き出すことになる.メッシュ統計を利用する際には,いつ作成されたデータなのか,そしてどの測地系に基づくものなのか必ず確認しておかなければならない.

## 2. 分析事例－業態別にみた都市圏内における店舗立地傾向

≪都市圏内で業態ごとに店舗はどのような立地傾向を示すか≫

　1990年代の"第2次流通革命"以降,日本の小売業界においては「業種店」から「業態店」へのシフトが進行している(箸本健二 2004.流通システムと都市空間.荒井良雄・箸本健二編『日本の流通と都市空間』1-13,古今書院).しかし,大都市圏と地方都市など,地域によって業態店の進出傾向も異なっている.こうした状況において,業態ごとの立地の特徴を示すとともに,その結果から都市圏を分類できないだろうか.そこで,小売業の「業態」に着目し,人口からみた業態の立地特性分析と業態の立地特性に基づく都市圏特性の提示とその分類を行ってみる.メッシュデータを用いるのは,①全国一律に整備されていること,②統計単位として基準化されており,年次・データ間のオーバーレイが可能であることによる.

≪分析方法≫

　都市圏の設定については様々な基準があるが,ここでは,「都市雇用圏」のう

ち「大都市雇用圏（MEA，都市圏）」を用いる（金本良嗣・徳岡一幸 2002．日本の都市圏設定基準．応用地域学研究 7: 1-15）．2000 年時点では，113 の大都市雇用圏（MEA；中心都市の DID 人口が 5 万以上）が設定されている．用いるデータは，国勢調査に基づく人口および商業統計に基づく 9 業態（百貨店，総合スーパー，衣料品スーパー，食料品スーパー，住関連スーパー，ホームセンター，コンビニエンスストア，ドラッグストア，専門店）の店舗数である．これらのデータについて，都市圏の範囲に対応するメッシュ群を抽出し，国勢調査のデータ（人口）と商業統計のデータ（店舗数）をオーバーレイさせる（図 10-2）．

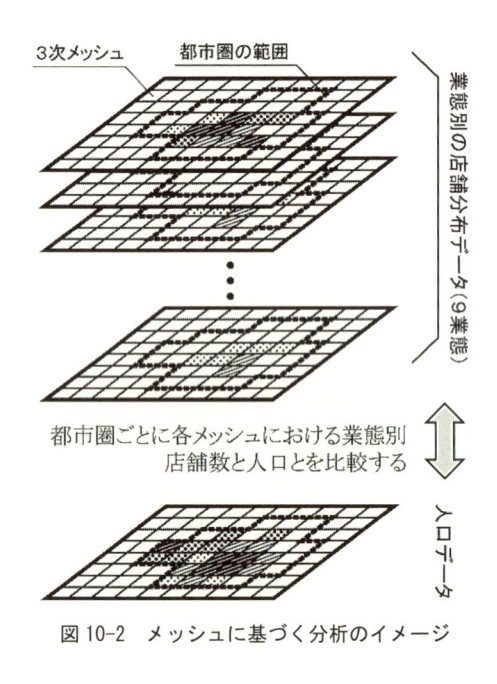

図 10-2 メッシュに基づく分析のイメージ

　分析にあたって，業態ごとに店舗が立地するメッシュの人口を集計し，「立地人口」として定義した．すなわち「立地人口」は，その業態がどれほど人口の多い，または少ない場所に立地するかを示す指数である．これにより，業態ごとにメッシュの人口と店舗数とを比較できる．さらに，業態の立地の地域的な差異を示すために「立地人口」を基準化して「業態指数」とした．これは，ある都市圏において，その業態がどれほど人口の多いまたは少ない場所に立地するかを相対

## a) 立地人口

都市圏Aの総合スーパーの「立地人口」

$$\frac{400 + 200 + 300}{3} = 300$$

「都市圏Aにおいて,総合スーパーの立地するメッシュの平均人口は300人」

## b) 業態指数

都市圏Aの小売業9業態すべての「立地人口」

$$\frac{200 + 400 + 200 + 300 + 100 + 50}{6} \simeq 208$$

都市圏Aの総合スーパーの「業態人口」

$$\frac{208}{300} \simeq 1.44$$

「都市圏Aにおいて,総合スーパーの立地するメッシュの平均人口は小売業の立地するメッシュの平均人口の1.44倍」

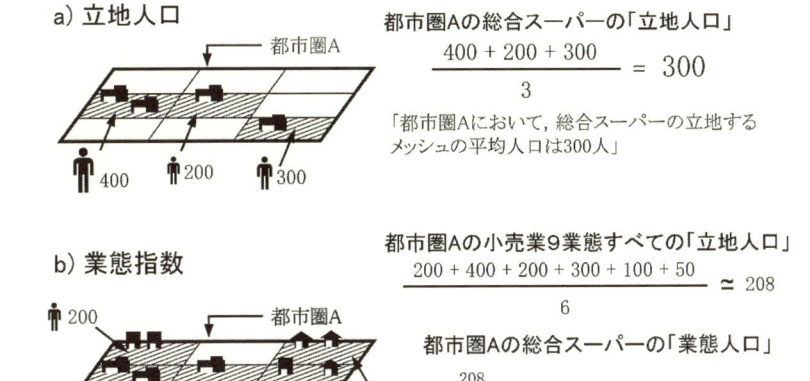

図 10-3 立地人口および業態指数の算出方法と概念

的に示す指数である.以上の手続きにより,業態の立地傾向からその都市圏の特徴を示すことが可能になる（図 10-3）.

≪分析結果≫

　業態別にみた立地人口の数値を示したものが表 10-1 である.立地人口の多い業態をみると,百貨店,ドラッグストア,専門店などであり,駅前や繁華街に多く立地する業態が該当する.一方,立地人口の少ない業態は,コンビニエンスストアや,ホームセンター,住関連スーパー,衣料品スーパーなどである.これらは郊外に立地しやすいか,あるいは駅前・繁華街立地と郊外立地との両方の性格を併せ持つ業態である.

　次に得られた業態指数を用いて,都市圏をグループに分けてみる.百貨店については 113 の都市圏のなかで 29 の都市圏に立地していないため変数から除外し,行田市都市圏は総合スーパーが立地していないことから分析から除外した.こうして作成した 112 行 8 列の地理行列にクラスター分析（ウォード法）を適用し,112 の都市圏を 6 つのグループに類型化した.結果を地図化したものが図 10-4 である.クラスター別にみた業態指数の平均値を表 10-2 に示す.バランス

表 10-1 業態別にみた立地人口

| 業態 | 平均 | 標準偏差 | 最大値 | 最小値 |
|---|---|---|---|---|
| 百貨店 | 5,248 | 2,005 | 13,484 | 929 |
| 総合スーパー | 3,955 | 1,841 | 11,139 | 0 |
| 衣料品スーパー | 3,671 | 1,312 | 8,823 | 911 |
| 食料品スーパー | 3,865 | 1,590 | 10,674 | 2,121 |
| 住関連スーパー | 3,868 | 1,364 | 8,895 | 1,681 |
| ホームセンター | 3,216 | 1,363 | 8,440 | 966 |
| コンビニエンスストア | 3,589 | 1,690 | 11,006 | 1,857 |
| ドラッグストア | 4,103 | 1,723 | 11,312 | 2,055 |
| 専門店 | 4,064 | 1,716 | 11,553 | 2,331 |

表 10-2 クラスター別にみた業態指数

| | クラスターA | クラスターB | クラスターC | クラスターD | クラスターE | クラスターF |
|---|---|---|---|---|---|---|
| 総合スーパー | 0.98 | 0.59 | 1.63 | 1.25 | 1.13 | 0.73 |
| 衣料品スーパー | 0.84 | 0.92 | 0.92 | 1.08 | 1.13 | 1.13 |
| 食料品スーパー | 0.96 | 0.95 | 0.94 | 1.00 | 1.17 | 1.09 |
| 住関連スーパー | 0.93 | 0.89 | 0.99 | 1.11 | 1.13 | 1.18 |
| ホームセンター | 0.73 | 0.72 | 0.84 | 0.86 | 1.24 | 0.93 |
| コンビニエンスストア | 0.93 | 0.89 | 0.87 | 0.93 | 0.94 | 0.88 |
| ドラッグストア | 1.04 | 1.08 | 1.06 | 1.06 | 1.11 | 1.08 |
| 専門店 | 1.05 | 1.05 | 1.06 | 1.05 | 1.05 | 1.05 |

のとれた業態指数を示すクラスターAに該当するのは，大都市圏（東京都市圏，大阪都市圏など）や県庁所在地クラスの都市圏（長野都市圏，札幌都市圏，豊橋都市圏）である．クラスターBは業態指数が相対的に小さい．クラスターCおよびDに該当するのは地方にある人口規模の大きな都市圏である．クラスターEは業態指数が相対的に大きい．クラスターFには地方にある人口規模の小さな都市圏が該当する．

　以上，「立地人口」にもとづき，都市圏内での小売業における立地動向を業態別に示すことができた．百貨店，ドラッグストア，専門店は立地人口の多い業態，そしてホームセンター，コンビニエンスストア，衣料品スーパーは立地人口の少ない業態であった．一方，「業態指数」により，業態から小売業の立地動向の都市圏による違いを定量化することができた．とくに都市型業態である百貨店は業態指数が高く，一方，地方で卓越するホームセンターは業態指数が低い．業態指数による日本の都市圏分類は図10-4に示される．これは，クラスター分析によ

2．分析事例－業態別にみた都市圏内における店舗立地傾向　123

図10-4　業態指数による日本の都市圏分類

り類型化したものである．分析を深化させるには，年次比較による立地人口・業態人口・グループの変化，そして都市圏内の人口・店舗分布の形状なども考慮していく必要があろう．

# 第 11 章

# 領域を設定する

　市役所や銀行といった行政・金融機関から小学校や大学のような教育施設，スーパーやコンビニなどの店舗まで，地域には様々な施設が立地している．こうした施設は，地域の住民ができるだけ利用しやすいように配置されていることが望ましい．では，こうした施設を利用している人は，どこからやってくるのだろうか．また，どれくらいの人数になるであろうか．

　地域には全ての地域住民に対して行われるサービスもある．郵便配達，宅配便，新聞配達などがこのケースに相当する．この場合，たとえば郵便局では，配送エリアを設定する必要があるが，できるだけ配達員の負担を減らすには，どのように地域を区分すればよいだろうか．

　これらの問いに答えるためには，施設の分布に基づき地域を分割する必要がある．言い換えれば，施設の領域を定めることである．この作業は施設からの距離に基づく機能地域の設定と考えられる．このような地域区分に適する手法の1つにボロノイ分割がある．ボロノイ分割は平面分割モデルの1つで，テッセレーションとも呼ばれる．地理学に限らず，都市工学や数理科学，オペレーションズリサーチなどの諸分野でも理論・実証研究が進められている．施設配置問題などにも利用されている．

## 1．ボロノイ分割とは

　ボロノイ図は，施設の立地点を所与とするとき，各々の施設を最近隣とするような点集合からなる多角形に平面を分割（ボロノイ分割）したものである．この用語はロシアの数学者 Georgy Voronoy に由来する（栗田　治 2004『都市モデル

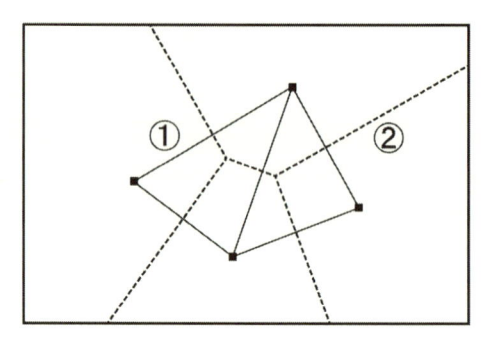

図11-1 ボロノイ分割の手順

読本』共立出版）．平面におけるボロノイ分割は，以下の手順で行われる（図11-1）．

① 各点から最も近い点を選び，線を結んで三角網を作成する．
② ①で描かれた三角形の重心から各辺に対して垂直二等分線を描く．

①によって描かれた三角網は，ドロネー図と呼ばれる．ボロノイ図とドロネー図は相対関係にある．ボロノイ分割によって各点の領域を設定できるため，商圏や駅勢圏の設定や施設の配置評価などに利用されている．近年では，GISソフトウェアなどを利用することでボロノイ分割が容易に行えるようになった．さらに，ネットワーク（道路距離など）に基づくボロノイ分割も開発されるなど，研究が進んでいる（奥貫圭一・塩出志乃・岡部篤行2006．ネットワーク空間分析ソフトウェア「SANET」．岡部篤行・村山祐司編『GISで空間分析－ソフトウェア活用術』142-182，古今書院）．

## 2．分析事例－新たな学区の設定

### ≪理論的な学区の設定とは≫

地域においては様々な領域が設定されているが，最も身近なものは校区，とくに小学校区であろう．わが国では小学校ごとに学区が決められており，生徒は指定された小学校に通学する．近年では公立であっても通学する学校を選択できる

ケースもみられるようになり，「小学校の通学エリア」としての役割は弱まりつつある．しかし，小学校区はごみ収集などの行政サービスや地域コミュニティの活動，さらには自治体独自の統計単位として，今でも重要視されている．

新たな住宅団地の開発に伴う人口動態の変化，また道路建設などによって通学の状況は年々変化している．人口，とくに児童の人口分布に基づいた柔軟な学区を設定することが求められる．通学先として最も距離が短い学区が設定されていないケースも珍しくない．児童数の増加・減少などによって，学区の新設や統廃合を要する．

次に，ボロノイ分割を利用して学区を設定した実証分析を紹介しよう．

≪利用データと分析方法≫

現行の学区と理論的な学区における児童人口や，小学校間の差異などを考察する．対象地域は東三河の中心都市である愛知県豊橋市である．2012年現在，豊橋市には52の公立小学校が立地している．これらの小学校を対象に，ボロノイ分割により豊橋市における理論的な小学校区を設定する．平面に基づく単純ボロノイ分割（直線）とネットワークに基づくボロノイ分割（道路）を行い，結果を比較する．

小学校の位置および現行の小学校区は，国土数値情報ダウンロードサービスから入手した（http://nlftp.mlit.go.jp/ksj/）．児童人口は，2012年4月における豊橋市の住民基本台帳に記載されている6～12歳人口を用いた．空間解析には，ESRI社 ArcMap10.1 および SANET 4.1β を利用した．

≪分析結果≫

豊橋市における小学校の立地状況と，現行の学区，単純ボロノイ分割による学区，ネットワークボロノイ分割による学区を比較したものが図11-2である．単純ボロノイ分割による学区は学区のほぼ中央に小学校が配置されており，市域が均等に分割されていることがみてとれる．その一方で，ネットワークボロノイ分割による学区は，現行の学区と類似していることがわかる．

こうして設定された学区に基づき，児童人口の平均値，標準偏差などを比較したものが表11-1である．52校の平均値をみると，設定方法による違いはみられ

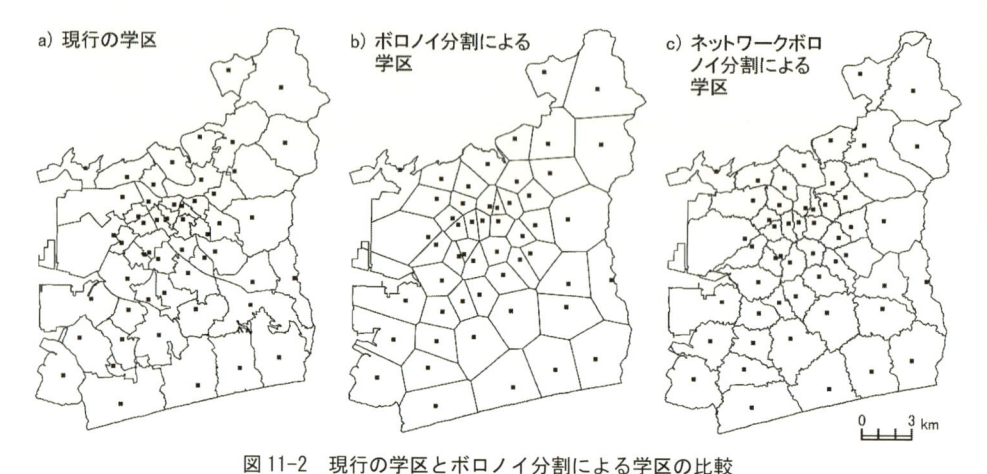

a) 現行の学区　　　　b) ボロノイ分割による　　c) ネットワークボロ
　　　　　　　　　　　　学区　　　　　　　　　　ノイ分割による
　　　　　　　　　　　　　　　　　　　　　　　　学区

図11-2　現行の学区とボロノイ分割による学区の比較

表11-1　学区の設定方法別にみた児童人口の統計指標

|  | 平均値 | 標準偏差 | 最大値 | 最小値 |
| --- | --- | --- | --- | --- |
| a) 現行学校区 | 508 | 320 | 1,370 | 76 |
| b) ボロノイ学校区 | 508 | 281 | 1,096 | 94 |
| c) ネットワークボロノイ学校区 | 508 | 291 | 1,150 | 91 |

ないが，その分散傾向は異なっている．単純ボロノイ分割にもとづき設定した学区の方が，児童人口の学校間格差が小さくなっている．したがって，新しく小学校区を設定する際に，小学校間における児童数規模の均等化を第一に考えた場合は，単純ボロノイ分割が適している．

図11-3は，現行学区の児童人口と，それを基準としたネットワークボロノイ分割による児童人口の比率を示している．中心部から少し離れた小学校では比率が1を下回る一方，山間部や縁辺部では比率が高い．比率が1を下回っている小学校区には近年開発された住宅地が立地しており，ここには児童人口が増加している小学校もある．したがって通学距離を第一に考えた場合，教室などの施設や教員数などに余裕が生まれることを示唆する．山間部や周辺部では，逆に教室の確保や教員の補填などを行わなければならないことになる．

ボロノイ分割は，新しく小学校を設置する場合にも威力を発揮する．いくつか候補地を選定し，候補地ごとにシミュレーションを行い，それぞれの学区がいか

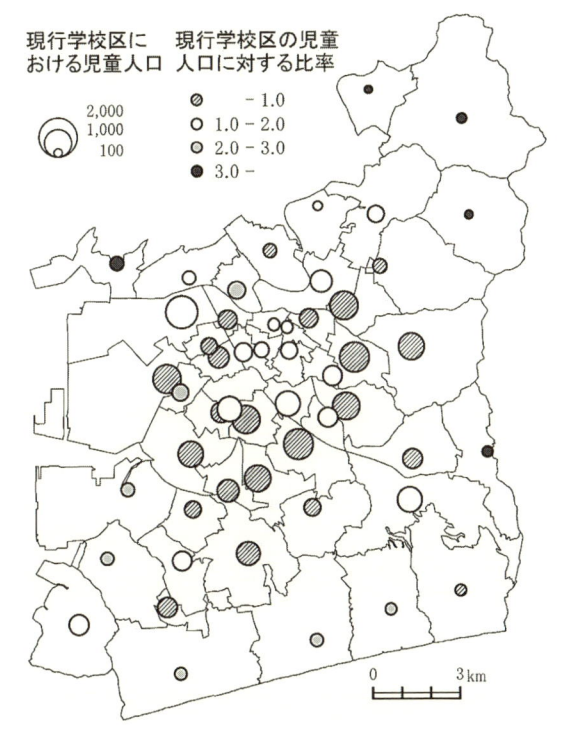

図 11-3 現行学区の児童人口とそれを基準とした場合のネットワークボロノイ分割による児童人口の比率

に設定されているかを把握したり，児童人口を比較したりする．この結果をもとに新設する候補地を絞り込んだり，小学校の規模などを提案したりすることが可能になる．

第 12 章

# 集積を把握する

　地域には，寺社，バス停，電灯などさまざまな施設が分布している．こうした施設の分布を観察すると，ある一定の特徴を見出すことができる．規則的に分布するものもあれば，固まって分布しているものもある．異なる種類なのに分布が似通っている場合もみられる．このような施設の分布状況を，定性的な表現ではなく，定量的に示すことはできないだろうか．本章では，この課題を解くのに有効な点分布パターン分析について説明する．ゴミや落書き，写真の撮影場所なども点の分布として扱うことができるので，応用範囲は広い．

　本章では，点分布パターンの分析方法を提示したのち，観光マップに取り上げられた観光施設がマップによっていかに異なる分布を示すのか，研究事例を紹介しよう．

## 1．点分布パターン分析とは

　点分布のパターンには，凝集分布，ランダム分布，均等分布の 3 タイプが知られている（図 12-1）．対象とする点分布がこれら 3 タイプのいずれに属するか，を判定していくことになる．点分布パターンの測定には，セントログラフィや最近隣尺度などが用いられる（杉浦芳夫 2003．点分布パターン分析．杉浦芳夫編『シリーズ＜人文地理学＞3 地理空間分析』1-23，朝倉書店）．点分布パターンは，GIS ソフトウェアを用いて簡単に解析可能である（岡部篤行・村山祐司編 2006『GIS で空間分析－ソフトウェア活用術』古今書院）．なお，点分布パターンを扱った地理学関連の書物では，張　長平 2001『地理情報システムを用いた空間データ分析』古今書院が参考になる．以下では，代表的な点分布パターンの分析方

132　第12章　集積を把握する

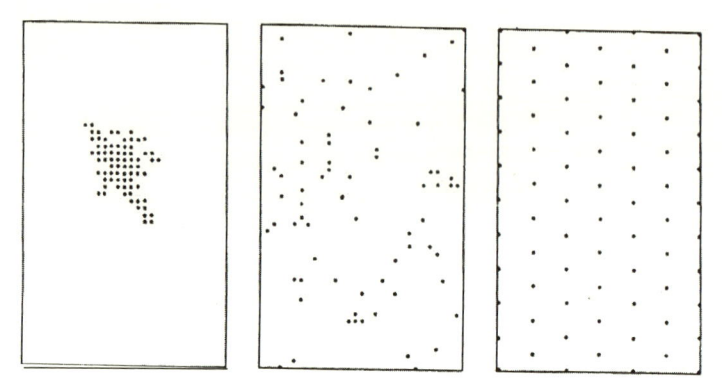

図 12-1　点分布における 3 種のパターン
左：凝集分布，中：ランダム分布，右：均等分布
出典　L. J. King 1962. A quantitative expression of the pattern of urban settlements in selected areas of the United States. *Tijdschrift Voor Economische en Sociale Geografie* **53**: 1-7

法を述べる．なお，最近隣尺度族による分析にあたっては，空間解析ソフトウェアである SDAM（Spatial Data Analysis Machine）」（http://giswin.geo.tsukuba.ac.jp/teacher/murayama/sdam/）を利用した．

≪セントログラフィ≫

　ある地域に図書館を建設することが決まったとしよう．この時，住居から図書館までの距離の合計を最小にすることが，住民サービスの点からみて公平であり，地域にとって最も合理的であろう．では，図書館をどこに立地させたらよいだろうか．こうした問題を解決するのに，セントログラフィが役に立つ．セントログラフィとは，点の散らばり具合（散布度）を測定する方法の総称である．

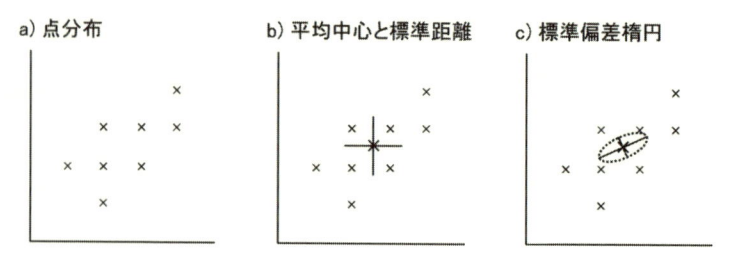

図 12-2　セントログラフィに関する諸指標の概念図
a) 点分布　　b) 平均中心と標準距離　　c) 標準偏差楕円

セントログラフィには，平均中心，標準距離，標準偏差楕円の3種類がある．平均中心は点分布の「真ん中」を示す．標準距離は平均中心からの標準偏差であり，標準偏差楕円は点分布の散らばり具合を楕円によって視覚的に示す（図12-2）．点には，たとえば人口などで重みづけされている場合があるが，そうした際には，それぞれ点に重みがある場合の平均中心，標準距離，標準偏差楕円が考えられる．

≪最近隣尺度族≫

最近隣尺度族とは，点分布の空間的パターンを理想型との関係で測定する方法の総称である．例えば，路上に捨てられたゴミの分布を調べるとしよう．取得したデータを地図に落としてみると，ゴミが多いエリアとそうでないエリアがあるようにみえる．ゴミは凝集しているのだろうか，それともランダムに分布しているのだろうか．また，自動販売機やバス停の分布とゴミの分布との関係はどうであろうか．最近隣尺度族を利用すれば，分布パターンを定量的に把握できよう．

最近隣尺度族のなかで多用されるのは最近隣尺度である．点分布パターンを凝集分布，ランダム分布，均等分布の3タイプとして，このうちどれに相当するかを判定できる．2種類の点分布のパターンを測定する最近隣空間的随伴尺度や，最近隣尺度を改良した点間距離分散分析なども使われる．以下では，方格法，最近隣法，$K$関数法を紹介する．事例は，都心3区に立地する小学校および中学校の分布である（図12-3）．

図12-3 都心3区に立地する小学校・中学校の分布

(1) **方格法**

方格法は，分析対象範囲に任意の大きさのグリッドを重ね，グリッド内にある点事象の数を求める手法である．ただし，グリッドの大きさや配置などによって，

134 第12章 集積を把握する

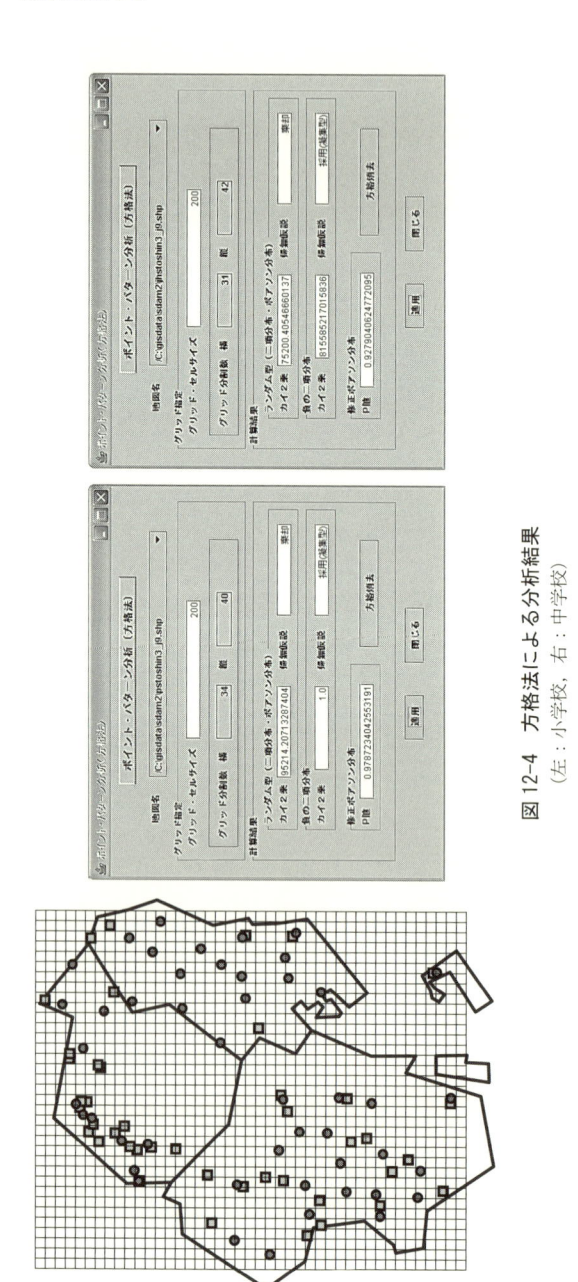

**図12-4 方格法による分析結果**
(左:小学校、右:中学校)

結果が変わる点について注意しなければならない．ここでは，グリッドサイズを200mにして分析した．図12-4 はその分析結果である．小学校，中学校とも「凝集型」として判定された．しかし，修正ポアソン分布のP値を比較すると，小学校のほうがより1に近い値を示している．したがって，中学校よりも小学校のほうがより凝集して分布する傾向にある．

(2) 最近隣法

　最近隣法は点間の距離に着目した分析方法であり，任意の点から最も近い点までの距離に着目する．ただし，複雑な点分布に対しては不適である．図12-5 は，小学校および中学校の，分析結果および最近隣点を表示したものである．最も近

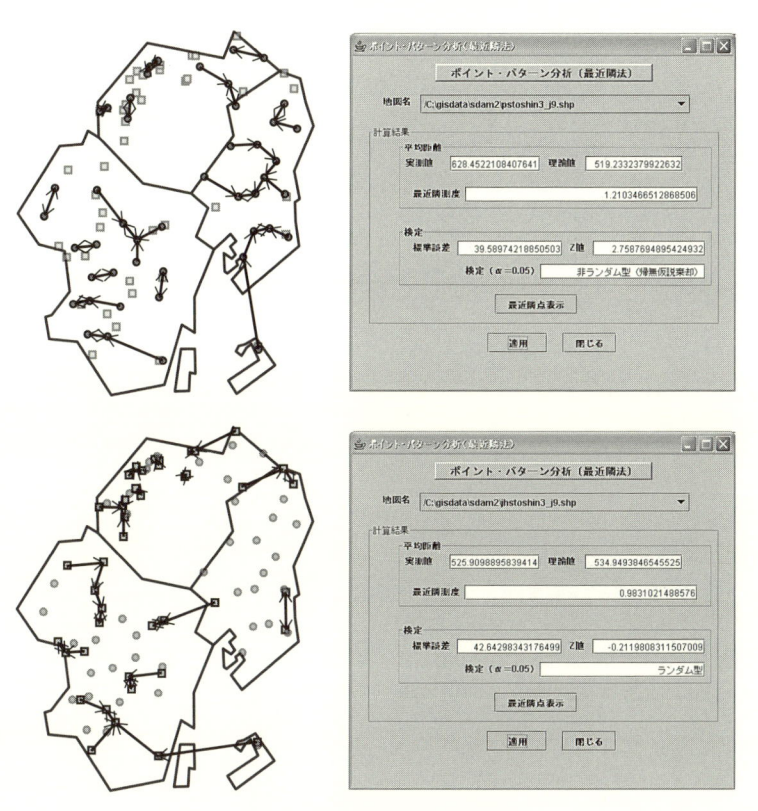

図12-5　最近隣法による結果
(上：小学校，下：中学校)

い点どうしが矢印で結ばれる．小学校と中学校の平均距離を比較すると，小学校のほうが短い．さらに，ランダム分布に基づく平均距離と実測値とを比較すると，小学校のほうがその差が大きいが，中学校の場合は有意差がみられない．したがって，小学校は非ランダム型立地（凝集型立地），中学校はランダム型立地であると判断できる．

### (3) K関数法

2つのペアとなる点が散らばっているような，最近隣法では判別が難しい点分布が存在する．そのようなときにはK関数法を用いることによって，どのような空間的範囲で点事象が配置されているかを判断できる．判別はK関数と理論値との当てはまりの良さによってなされる．当てはまりが良ければランダム型と判定され，K関数が理論値よりもグラフにおいて上方にあれば凝集型の可能性が高くなる．図12-6は，小学校および中学校の分布をK関数法により分析した結果である．K関数の形状を比較すると，値が小さい領域においては中学校の方が小学校に比べてK関数と理論値との当てはまりが良い．したがって，中学校の分布の方がよりランダム型に近いとみなせる．

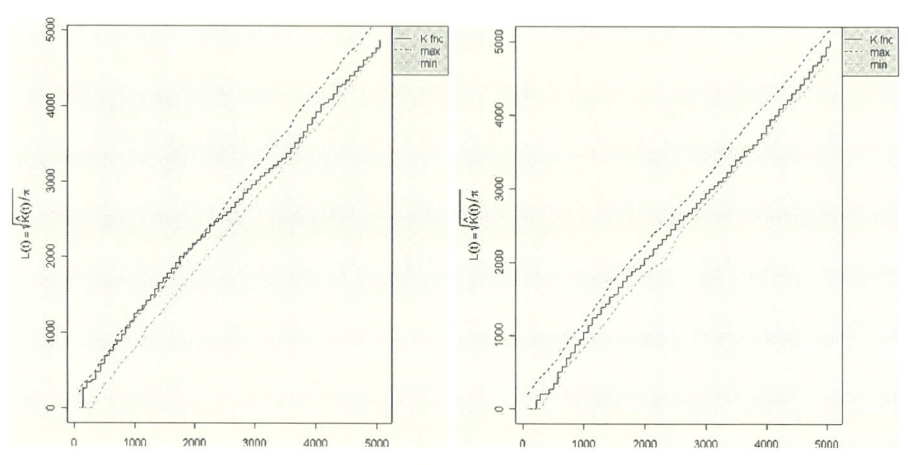

**図12-6　K関数法による分析結果**
(左：小学校，右：中学校)

### ≪カーネル密度推定法≫

カーネル密度推定はノンパラメトリックな推定の代表である．点分布に任意

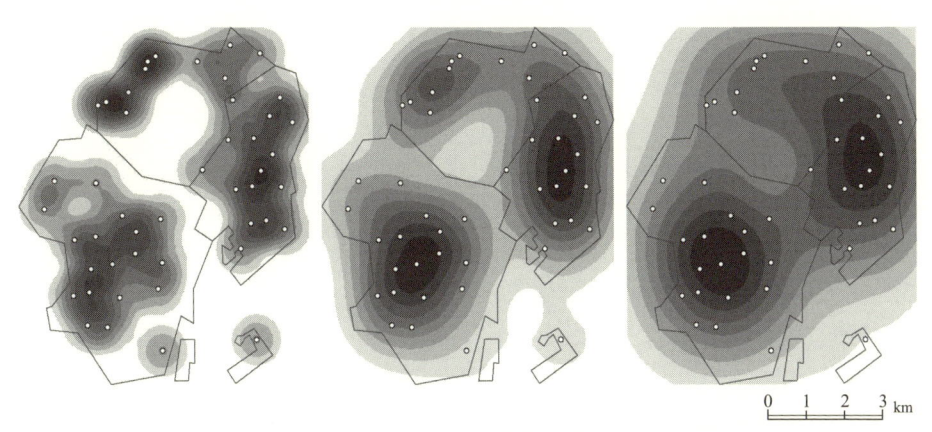

図12-7 カーネル密度推定法の結果
バンド幅は左から 1,000 m, 2,000 m, 3,000 m である.

のグリッドをかけ，任意のバンド幅内にある点を検索し，カーネル関数により重み付けして各セルにおける点密度を算出する．犯罪多発マップや交通事故発生マップの作成において注目・活用されている．図12-3に示した都心3区に立地する小学校は，皇居を除いて，ほぼ一様に分布しているようにみえる．しかし，小学校が密に分布している地域と疎に分布している地域を認識することは難しい．こうした際に有効なのが，カーネル密度推定である．図12-7は，バンド幅を 1,000 m，2,000 m，3,000 m に設定した場合の可視化結果である．バンド幅が 1,000 m の場合は局所的な集積状況が，バンド幅が 3,000 m の場合は3区全体のスケールによる集積状況がそれぞれ示されている．このように，カーネル密度推定を利用することによって，点の分布が面としてとらえられるので，スケールによる分布の傾向が把握しやすくなる．

## 2．分析事例－「まち歩きマップ」の分析を通じて

≪まち歩きマップにおいて取り上げられている施設は？≫
　観光におけるもっとも基本的な情報収集手段は「地図」であろう．初めて訪れる場所であっても，地図をみれば自らの位置を把握でき，場所の周辺情報を探索

可能である．地図にはこうした利点があるため，観光地ではたいてい観光マップが作成されている．観光マップには，カラーでの表現はもちろん，写真やイラストが掲載され，説明文が記載されるなど，様々な工夫がこらされている．なかでも，観光客自らが歩いてまちを巡る「まち歩きマップ」は，観光マップのなかでも人気が高い．マップを見ながらまちを歩くことで，自らの歩く速さや街の姿，景観などを知るとともに，自分の興味に基づいたルート設定が可能になる．

「まち歩きマップ」には，様々な名所や観光スポット，食事処などが記載されている．しかし，そのような観光施設・スポットをどのような基準で記載するかはマップの作成主体によって異なる．マップによっては重要な場所が記載されていないケースも珍しくない．点分布パターン分析を活用してこの問題に取り組んだ研究を紹介しよう（神頭広好・駒木伸比古ほか 2013. GISを用いた「まち歩きマップ」の分析－観光施設・スポットの分布に着目して．『日本における水辺のまちづくり－蟹江町，柳川市，香取市を対象にして』所収，愛知大学経営総合科学研究所）．

分析対象とするのは，まち歩きを対象とした4種類の観光地図（福岡県柳川市観光課発行）である．これら4種のマップには，それぞれ道路や観光施設，観光スポット，観光ルート，写真・イラストや解説文などが記載されている．ここでは，「写真・イラストまたは解説文が掲載されている観光施設・スポット」に焦点を当てよう．すなわち，「初めて訪れた観光客がその場でマップを使ってまち歩きを行う」という状況を仮定する．観光施設・スポットについては，その特性から「史跡」，「寺社・仏閣」，「旧宅」，「文化・観光施設」，「食事処」，「街並み」，「その他」の7種類に区分する．

これらの観光施設・スポットが各マップにおいてどのように取り上げられているか，そして他のマップとどれくらい重複しているかについて分析・考察を行った．なお，マップの分析・表示には，ESRI社のArcMap10を使用した．

≪分析結果≫

表12-1は，マップ別にみた観光施設・スポットの種類別集計結果である．柳川全域を対象としたマップでは，aおよびbとも「寺社・仏閣」が最も多いことで共通している（a：11カ所・37.9%，b：8カ所・29.6%）．ただし，次に多

2. 分析事例-「まち歩きマップ」の分析を通じて　139

表 12-1　マップ別にみた観光施設・スポットの種類別集計結果

| 種類 | a)水郷柳川旧街道&旧小路まち歩きマップ 件数 | 割合 | b)柳川まち歩きMAP西鉄柳川駅から歩くゆつら〜っと柳川めぐり〜掘割と風情を楽しむ 件数 | 割合 | c)白秋生家と沖端の漁師町を巡る水郷ぐるり柳川「まち歩き」マップ No.1 件数 | 割合 | d)柳川の伝統・文化・神社仏閣巡る水郷ぐるり柳川「まち歩き」マップ No.5 件数 | 割合 | 4枚計 件数 | 割合 |
|---|---|---|---|---|---|---|---|---|---|---|
| 史跡 | 9 | 31.0 | 6 | 22.2 | 1 | 14.3 | 2 | 22.2 | 14 | 26.4 |
| 寺社・仏閣 | 11 | 37.9 | 8 | 29.6 | 1 | 14.3 | 5 | 55.6 | 14 | 26.4 |
| 旧宅 | 4 | 13.8 | 1 | 3.7 | 1 | 14.3 | 0 | 0.0 | 4 | 7.5 |
| 文化・観光施設 | 2 | 6.9 | 4 | 14.8 | 3 | 42.9 | 1 | 11.1 | 9 | 17.0 |
| 食事処 | 0 | 0.0 | 7 | 25.9 | 0 | 0.0 | 0 | 0.0 | 7 | 13.2 |
| 街並み | 2 | 6.9 | 0 | 0.0 | 0 | 0.0 | 0 | 0.0 | 2 | 3.8 |
| その他 | 1 | 3.4 | 1 | 3.7 | 1 | 14.3 | 1 | 11.1 | 3 | 5.7 |
| 合計 | 29 | 100.0 | 27 | 100.0 | 7 | 100.0 | 9 | 100.0 | 53 | 100.0 |

い施設・スポットをみると，aでは「史跡」（9カ所・31.0％）であるのに対し，bでは「食事処」（7カ所・25.9％）である．cは北原白秋および景観を対象としたマップであることもあり，「文化・観光施設」が最も多い（3カ所・42.9％）．そして，文化・神社仏閣を対象としたdは，「寺社・仏閣」が最も多く取り上げられている（5カ所，55.6％）．

次に，図12-8に4種のマップに取り上げられた施設およびマップの表示範囲を示した．同じ「まち歩きマップ」であるが，種類によって取り上げられる範囲が異なる．また，柳川市の「まち歩きマップ」は，柳川城外堀に囲まれたエリアでほぼ完結している．

しかし，これだけでは，それぞれの施設の分布傾向がどのように異なるのか，そしてマップごとに取り上げられる施設の範囲を比較することは難しい．そこで，観光施設・スポットにおいて，対象とした4種のマップへの出現頻度および各マップの範囲，そしてそれぞれのマップにおいて取り上げられた施設・スポットの標準偏差楕円（半径は1標準偏差（$\sigma$））を算出する．図12-9がその結果である．いずれのマップでも，それぞれの範囲のほぼ中央に標準偏差楕円が描かれる．このことは，「まち歩きマップ」として描かれている範囲はそのマップにおいて紹介したい施設・スポットの空間的範囲のみをカバーしていることを示唆する．逆

140 第12章 集積を把握する

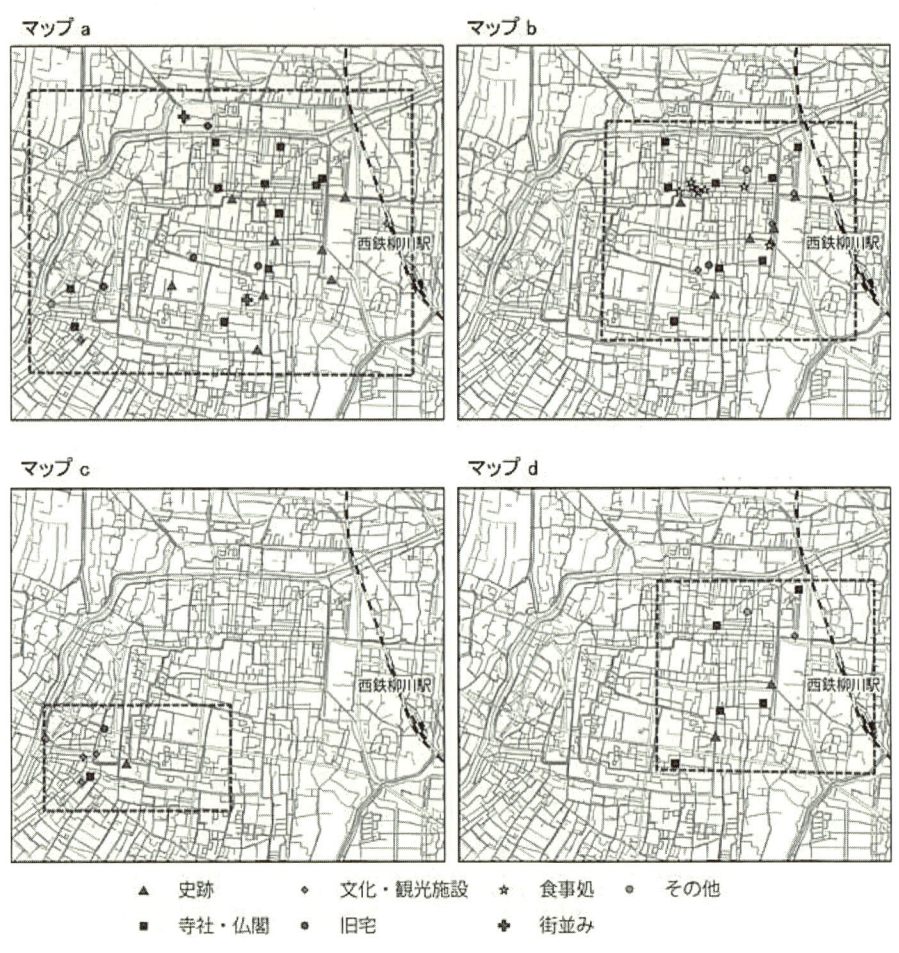

図12-8 マップ別にみたマップの範囲と観光施設・スポットの分布

▲ 史跡　◆ 文化・観光施設　☆ 食事処　● その他
■ 寺社・仏閣　　旧宅　　＋ 街並み

に言えば，それ以外のエリアにおいては，「まち歩きマップ」から除外されてしまうことになる．さらに，立花邸御花から沖端漁港にかけてのエリアで観光施設・スポットの集積はみられるものの，柳川城址外堀東側から市役所にかけてのエリアで各マップにおける標準偏差楕円の重複がみられる．このことは，柳川城址から鬼門の方角にあたる北東に立地する寺社がマップで多く示される結果を反映している．さらに，西鉄柳川駅を出発地とするまち歩きルートが紹介されているこ

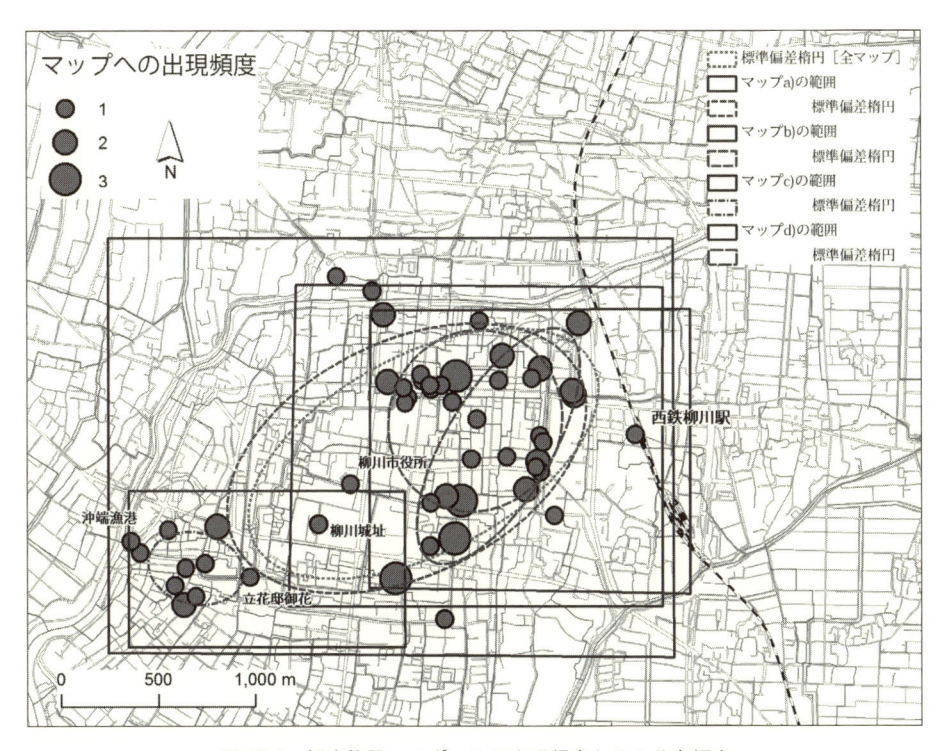

2．分析事例－「まち歩きマップ」の分析を通じて 141

図12-9 観光施設・スポットの出現頻度とその分布傾向

ともその要因の1つであると考えられる．

　このように，点分布パターン分析を用いることによって，観光施設・スポットの空間特性を定量的に把握できる．これらの結果をもとに，観光客によるマップの利用状況や歩行ルートのデータと組み合わせることによって，まち歩きマップの改良にも役立てることができよう．

# 第13章

# ネットワークで考える

## 1. グラフとしてのネットワーク

　5つの集落が存在し，互いに道路で結ばれている島を想定しよう（図13-1 (1)）．集落をノード，道路をリンクとすれば，この島の道路ネットワークは図13-1 (2a) のようなトポロジカルなグラフで表すことができる．このグラフはリンクがノード以外では交わることがないので，プラナー（平面）グラフとよばれる．ところが，図13-1 (2b) のようにBとEを結ぶ新しい道路が建設されて既存の道路と立体交差するとすれば，平面上ではリンクとリンクが交わらないでネットワークを表現することは不可能である．このようなグラフはノン・プラナー（非平面）グラフとよばれる．なお，図13-1 (2a) ではリンクの向きが表示されていないので，このグラフを無向グラフ，図13-1 (3) のようにリンクの方向が定められたグラフを有向グラフと

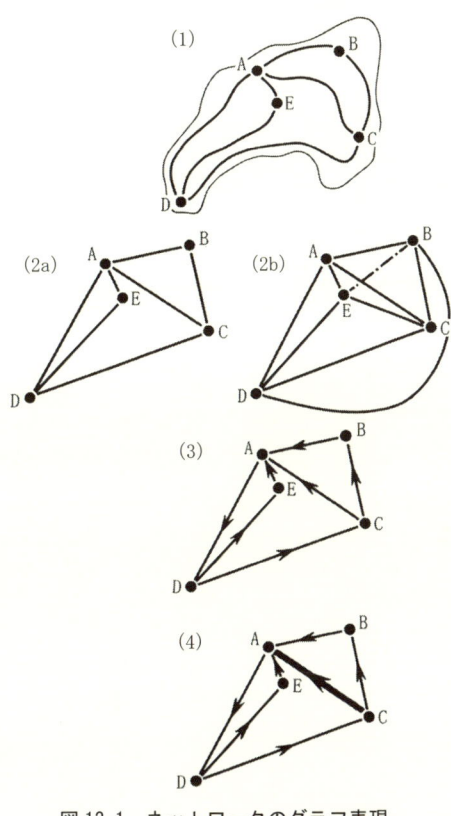

図 13-1　ネットワークのグラフ表現

いう．また，図 13-1（4）のように，リンクに通行人数や貨物輸送量などの属性が与えられたグラフは有値グラフ，そして属性をもたないグラフ（図 13-1（3））は無値グラフとよばれる．

## 2．ネットワークの連結性

ネットワークの連結性や結合度を定量的に把握するために，これまで多くの指標が開発されてきた．こうした諸測度を体系化したのはカンスキーである（K.J.Kansky 1963. *The Structure of Transport Networks*. University of Chicago, Department of Geography, Research Paper 84）．彼は，グラフ理論を援用して，ネットワークの構造を数量的に表現する諸測度を以下の5つのタイプに整理した．ここで $e$ はリンク数，$v$ はノード数，$p$ はサブグラフ数を表す．サブグラフ数とは，対象となるネットワークがいくつのグラフから成り立っているかを示す指標である．たとえば，図 13-1（2a）の例では，5つの集落はすべて道路で結ばれているので，この値は1となる．

### （1）非比率測度

a.　$\mu = e - v + p$

回路階数 $\mu$ は，グラフに含まれる回路の数を示す．グラフのノードが高度に結びつくほどこの値は大きくなり，逆に回路が存在しない木グラフではゼロになる．図 13-1（2a）のグラフでは，$\mu = 7 - 5 + 1 = 3$ となる．

b.　$\delta = \max d_{ij}$

直径 $\delta$ は，全ノード間におけるトポロジカル距離の最大値を表す．つまりグラフの中で互いに最もトポロジカルに離れた2つのノード $ij$ 間における最短パスの数である．図 13-1（2a）においては，$\delta = 2$ となる．

## （2）比率測度

ノードとリンクの関係を示すものとして3つの測度がある.

c. プラナーグラフでは

$$\alpha = \frac{e-v+p}{2v-5}$$

ノン・プラナーグラフでは

$$\alpha = \frac{e-v+p}{v(v-1)/2-(v-1)}$$

$\alpha$示数は，1つのグラフで想定される最大回路数に対する実際の回路数の比率で表される．$\alpha$示数は0から1までの値をとる．回路数は完全グラフで最大になるから$\alpha$示数は1になる．図13-1（2a）はプラナーグラフなので，この場合 $\alpha = (7-5+1)/(2×5-5) = 0.6$ となる．

d. $\beta = e/v$

$\beta$示数は，木や非連結グラフでは1より小さい．プラナーグラフでは，$\beta$示数の最大値は3である．図13-1（2a）の例では$\beta = 7/5 = 1.4$ となる．

e. プラナーグラフでは

$$\gamma = \frac{e}{3(v-2)}$$

ノン・プラナーグラフでは

$$\gamma = \frac{e}{v(v-1)/2}$$

$\gamma$示数における分子は実際のリンク数，分母は与えられたグラフのノードを可能な限り結合させたときのリンク数である．すなわち，完全グラフに対するネットワークの比率を示す．$\gamma$示数は0から1の値をとる．完全連結グラフでは，$\gamma$示数は1になる．$\alpha$示数や$\beta$示数と異なり，$\gamma$示数ではグラフの規模により完全連結グラフの示数自体は影響を受けない．したがって，前2者よりも優れた指標といえよう．図13-1（2a）はプラナーグラフなので$\gamma = 7/3(5-2) \fallingdotseq 0.78$ となる．

## （3）グラフとリンクの関係を示す測度

f. $\eta = M/e$ （Mはネットワーク上の総距離）

　$\eta$ 示数は，グラフの1リンク当たりの平均距離を示す．一般に，グラフの構造が複雑になるほど小さくなる．

g. $\pi = M/d$ （$d$は直径$\delta$の実距離）

　$\pi$ 示数は，最も単純なグラフで1になり，グラフが複雑になるにつれて値が大きくなる．

## （4）グラフとノードの関係を示す測度

h. $\theta = T/v$ または $M/v$ （$T$はネットワークの総流動量）

　$\theta$ 示数は，1ノード当たりの流動量または距離数であり，グラフのノードの機能を表す．

i. $\tau = M/T$

　$\tau$ 示数は，ネットワークの密度を示す測度で，流動量1単位当たりの平均移動距離を表す．

## （5）グラフにおける個々の要素の構造を示す測度

j. 関連数

　関連数は，各ノードに関する測度で，最も離れたノードまでの最短パスの数で示される．最小の関連数をもつノードは，そのグラフにおけるトポロジカルな中心点である．この測度はケーニッヒ数ともよばれる．図13-1（2a）の場合，ノードAの関連数は1，その他のノードの関連数はすべて2である．

k. d.c.$= v(v-1)/(2e)$

　連結度 d.c. は，グラフの最大の結合度と最小の結合度によって決められたスケールでの，実際のネットワークの結合度を示す．図13-1（2a）の例では，

d.c. = 5(5−1) / (2×7) ≒ 1.43 となる.

l. $D = \sum_{i=1}^{n}\sum_{j=1}^{n} d_{ij}$

分散 $D$ は，全ノード間の実距離を合計したものである．この値はグラフの規模に制約を受けるので，相異なるグラフの分散を比較するときは，トポロジー的な意味での分散を，$n$ 個のノードの組み合わせ数 $n(n-1)$ で除した平均分散を用いた方が有効である（奥野隆史・高森 寛 1976『点と線の世界 ネットワーク分析』三共出版）.

m. $A_i = \sum_{j=1}^{n} d_{ij}$

ノード $i$ の近接性 $A_i$ は，ノード $i$ から他の全ノードへの最短パスを合計した値である．各ノードの近接性を全部加えると分散 $D$ になる．したがって，$\sum A_i = D$ である.

n. $C_i = \sum_{j=1}^{n} (d_{ij} - e_{ij})^2 / n$

（$d_{ij}$ は実際の距離，$e_{ij}$ は最適ネットワークの直線距離）

迂回度 $C_i$ は，ノード $i$ が最適ネットワークと比べてどれほど効率的であるかを評価する．ネットワーク全体の迂回度は，各ノードの迂回度の平均値で示す.

これら 14 の測度のなかで，1960 年代以降地理学研究に多用されてきたのはノードとリンクとの間の関係を明らかにする $\alpha$，$\gamma$ の 2 示数である．ある地域の交通ネットワークの発展過程を何時期かに区分し，それぞれの時期における $\alpha$，$\gamma$ の 2 示数を計算することで，発展段階の考察やいくつかの地域における交通ネットワークの連結度をこれらの示数を用いて相互比較といった研究が行われてきた.

ところで交通ネットワークは，発展段階に応じて，背骨型から格子型そして三角型へと進展していくことが知られている（図 13-2）．理論上，これら 3 型の $\alpha$，$\gamma$ 示数値は以下のようになる.

① $\alpha$ 示数

　背骨型：$\alpha = 0$　　　　　　　　ただし $v = e + 1$
　格子型：$0 < \alpha < 1/2$　　　　　　　$v \geqq 4$

三角型：$1/2 \leqq \alpha \leqq 1$　　　　　　　　　　　$v \geqq 3$

② $\gamma$ 示数

背骨型：$1/3 \leqq \gamma \leqq 1/2$　　　　　ただし $v \geqq 4$

格子型：$1/2 < \gamma < 2/3$　　　　　　　$v \geqq 4$

三角型：$2/3 \leqq \gamma \leqq 1$　　　　　　　$v \geqq 3$

したがって $\alpha$, $\gamma$ 示数の値を計算することにより，分析する交通ネットワークの発展段階（背骨型なのか格子型なのかそれとも三角型か）を評価できる．

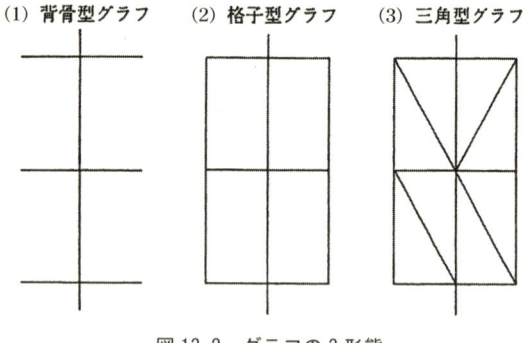

図13-2　グラフの3形態

## 3．ネットワークの連結性と地域発展

交通ネットワークの連結度とその地域の経済発展とは密接な関係にある．両者の関係を示した例として，ここでは世界18カ国の鉄道ネットワークにおける諸示数（$\beta, \tau, \eta, \pi$）と経済発展の諸変数との関係を考察したカンスキーの研究（前述）を紹介しよう．世界18カ国のなかで，$\beta$ 示数はセイロン（スリランカ）で最も低く，フランスで最も高い．フランス，ハンガリー，チェコスロバキアの3国は高度連結のグループに属する．図13-3は $\beta$ 示数と1人当たりエネルギー消費量との関係を示したものである．1人当たりエネルギー消費量は当然のことながら経済が高度に発展した先進諸国で高く，開発が遅れている発展途上国で低い．$\beta$ 示数と1人当たりエネルギー消費量とは高い相関をもつ．エネルギー消費量が高く経済が発展した国ほど鉄道ネットワークの連結度が高く，遅れた国ほど連結度が低いことが読みとれる．

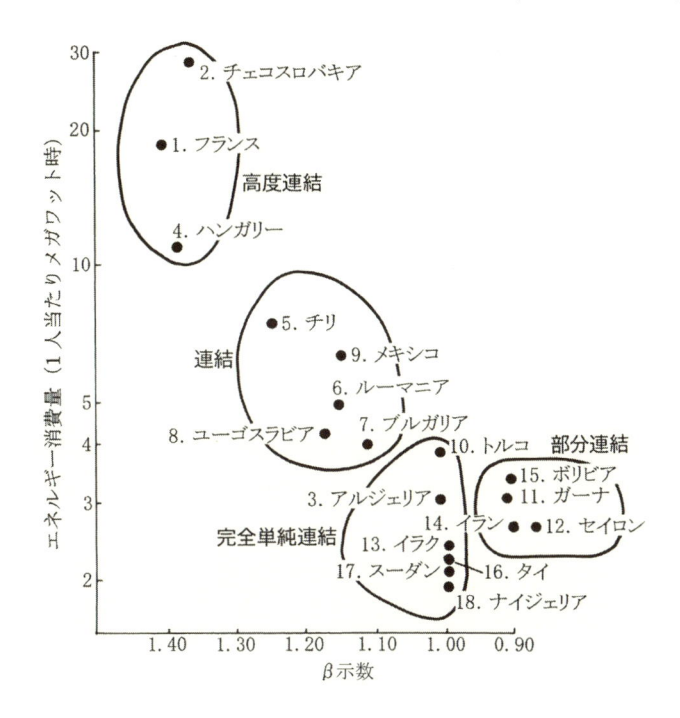

図13-3 β示数と一人当たりエネルギー消費量との関係
出典 K.J.Kansky 1963. *The Structure of Transport Networks.* University of Chicago, Department of Geography, Research Paper 84, p.42

## 4. シミュレーション・モデル

　ネットワークにおけるシミュレーションの目的は，その発達過程を復元することにある．シミュレーションの実行にあたっては，ノード（結節点）とリンク（連鎖線）の2要素が分析対象となる．まず復元されるべきネットワークのノード数とリンク数を決定する．ついでモンテカルロ法などの確率論的手法を用いて最適リンクを順次選択付加し，反復計算をしながらネットワークを復元していく．復元されたネットワークが現実のものと類似していれば，そのシミュレーションは成功といえる．これにより，ネットワーク形成のメカニズムを理論的にとらえたとみなせよう．このシミュレーション手法を援用して今後のネットワークの形成

過程を予測することができ，将来の地域計画に役立たせることが可能になる．

前述した研究で，Kansky（1963）は，1908年のイタリアのシチリア島における鉄道ネットワークをシミュレーションにより復元し，その方法の妥当性を検討した．最初に彼は，シチリア島のノード数とリンク数と鉄道総距離数を推定した．彼は世界25カ国の鉄道ネットワークに関して，ノード数，$\beta$示数，$\eta$示数を従属変数，そして技術水準，面積，地形，形状を独立変数として行った重回帰分析により導かれた重回帰式に，シチリア島の独立変数値を代入して，シチリア島における3つの従属変数の推定示数値を導出した．その結果，ノード数は16.48，$\beta$示数は1.13，$\eta$示数は17.62の値が得られた．標準誤差を考慮して，これらの値から，シチリア島のノード数は15〜18，リンク数は17〜20，鉄道総距離数は

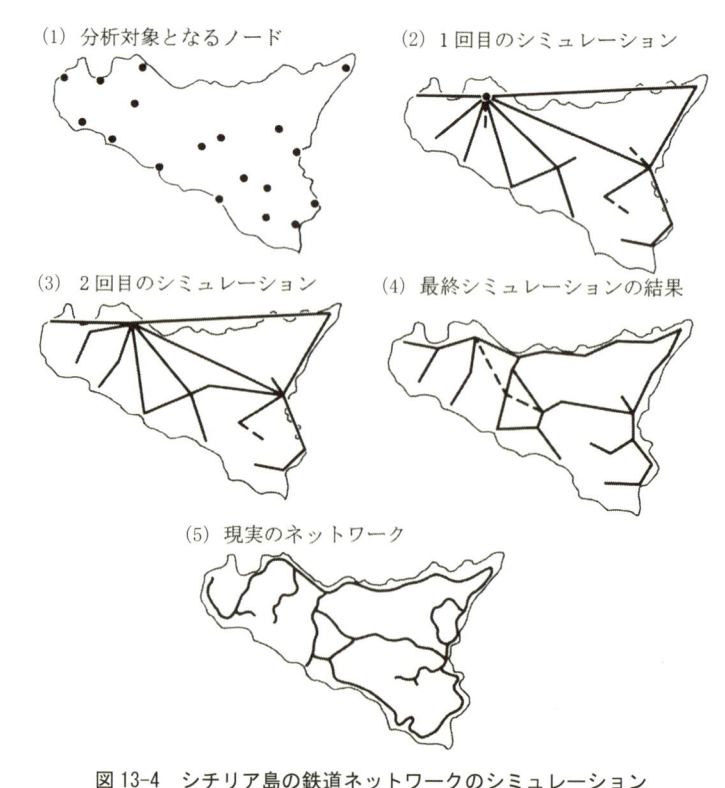

**図13-4 シチリア島の鉄道ネットワークのシミュレーション**
出典　K.J.Kansky 1963. *The Structure of Transport Networks.* University of Chicago, Department of Geography, Research Paper 84, p.139〜146

219.6 〜 485.4 と算定された．

　ノード（集落）の選定にあたっては所得額をデータに用いた．シチリア島全体の総所得額に対する各ノードの所得額の割合を求め，それを確率値として乱数を発生させ，シチリア島に存在する多くのノードから18のノード（集落）を確定した．

　これらの前提条件をもとに，彼は次の手順にしたがってシミュレーションを行った．1) 最も規模の大きい2つのノードを結んでリンクを作る．2) 次に規模が大きいノードが，ネットワーク上にすでに存在する最大かつ最隣のノードにつくようにし，以下反復計算を繰り返す．3) すべてのノードがリンクで結ばれた時点で反復をストップさせる．4) リンク数があらかじめ決めた数（この場合20）より少ないときには，上位3ノード間で回路を作り，次いで第1，2，4位のノード間で回路を作る．リンク数が20になるまで順次回路を増やしていく．5) リンクの総距離が仮定より長い場合には $\Delta \rightarrow Y$ 変換によりリンク数は変化させないでネットワークの統合を行う．6) それでも総距離が長い場合には地形の影響を考慮し，距離の短縮化をはかる．図13-4はシミュレーションの各段階を示したものであり，図13-4 (4) は最終的に導出されたネットワークである．現実のネットワークである図13-4 (5) と類似しており，シミュレーションが妥当であったことを示している．

# 第14章

# 近接性をはかる

## 1. はじめに

　本章では，近接性［アクセシビリティ，Accessibility］を測定する方法について考える．近接性とは，「近づきやすさ」を示す概念で，グラフ理論的な観点にたてば，「あるノード（結節点）の他のノードに対する相対的な近づき易さ」と定義できる．

　近接性が高いということは，交通機関を利用して当該ノードから他のノードへ移動する場合，時間や費用の面で他のノードより立地的有利性を保有していることを意味する．さまざまな測定手法やモデルが開発され，ノードの階層性，近接性面の形状およびそれらの時系列的変化，近接性と地域特性との関係，近接性と地域発展との関係などの研究が行われている．

## 2. グラフ理論を援用した近接性測定手法

　グラフ理論を援用して近接性を導出するためには，交通ネットワークをノードとリンクからなるトポロジカルなグラフに理念化することが必要である．ノードは駅・インターチェンジ・空港・結節点・都市・集落などであり，リンクは，道路・鉄道・航空路などの交通路である．

### （1）最短パス操作法（無値グラフの場合）

　この手法はシンベルにより開発されたもので，比較的簡単に算出できることからこれまで多くの研究に利用されてきた（A.Shimbel 1953. Structural parameters of communication networks. *Bull.of Math.Biophys* **15**: 501-507).

　図 14-1（1）は，5 つの都市が鉄道によって結ばれている状況を無値グラフで表現したものである．最短パス操作法を使えば，各都市から別の 4 都市へ移動する際にどの都市が最も近接性が高いかを，行列演算によって導き出すことができる．ある都市から別の都市へ移動する際の最短パス数を行列の形で示すと，図 14-1（2）のようになる（無値グラフなので対称行列である）．たとえば第 2 行第 5 列には 3 が与えられるが，これは B から E へ移動する際，最も短い経路は 3 ステップのパスだからである．各都市の近接性は，この行列の行和で与えられる．値が小さいほど近接性が高い．したがって都市 C は，値が 5 と最も小さく，他の全都市へ移動する際最も利便性の高い都市であることがわかる．一方 E は最も不便な都市ということになる．

図 14-1　最短パス操作法による近接性の測定（無値グラフ）

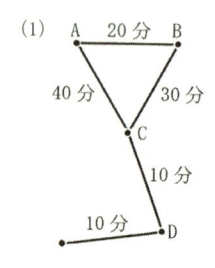

## （2）ブール代数操作法（有値グラフの場合）

　図 14-2（1）は，図 14-1（1）の無値グラフに時間距離を与えて有値グラフとしたものである（他に実距離や費用距離や心理距離なども考えられる）．有値グラフの場合はブール代数の演算法を援用した測定方法がよく用いられてきた．図 14-2（2）はブールのルール（ブール代数操作法）により導かれた最短時間距離行列である．これは，各都市間を移動するうえでの最短時間を示している．行和をとれば，各都市が残りの全都市へ移動を行う場合の総時間数を求めることができる．したがって総時間数が小さいほど近接性が高いことになる．前の無値グ

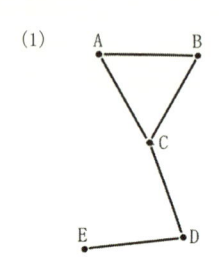

図 14-2　ブール代数操作法による近接性の測定（有値グラフ）

ラフの例と比べてみると，近接性が最も低い都市はEからAに変わっている．Eは3位に上昇している．

### （3）人口ポテンシャル型近接性

上記の2つの手法は，ノードの規模を考慮していない．図14-1の場合，規模が大きい都市ほど人や財をより多く引きつけるであろう．したがって大都市へは移動の頻度も高いことは明らかである．このようなノードの規模を考慮したのが，ポテンシャル型近接性・モデルである．

$$V_i = G \sum_{j=1}^{n} P_j / d_{ij} \tag{1}$$

ここで，
　　$V_i$ は $i$ における人口ポテンシャル，
　　$P_j$ は $j$ における人口，
　　$d_{ij}$ は $ij$ 間の距離，
　　$G$ は定数．

図14-2（1）の5ノード（都市）に人口を与え，上の式により，ポテンシャル型近接性を求めると図14-3（2）のようになる．ここで自ノードから自ノードへの時間距離は全リンクの平均時間とする．値が大きいほどノードほど近接性が高い．最も高いのはCで最も低いのはAである．ここで注目したいのは第2位がEである点である．図14-1では最下位，そして図14-2では3位であった．これはEのとなりのDにおける人口規模が大きいことによる．

このモデルは以下のように拡張される．

$$V_i = G \sum_{j=1}^{n} \frac{w_j (P_j)^\beta}{d_{ij}^\alpha} \tag{2}$$

ここで，
　　$w_j$ はノード $j$ におけるウェイト，

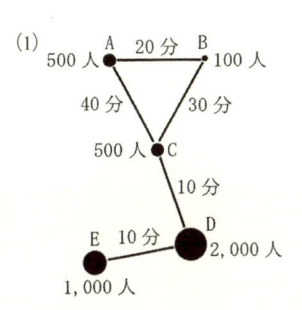

図14-3　ポテンシャル型近接性の測定

$\alpha$, $\beta$ はパラメータ.

$w_j$ と $\beta$ の与え方によって, $w_j(P_j)^\beta$ は多様な経済量を表現することができる. たとえば, $w_j$ を1人当たり所得, $\beta = 1$ とすれば $w_j(P_j)^\beta$ は地域 $j$ の総所得となる(渡部与四郎 1975『業務交通体系論』技報堂).

### (4) 接触ポテンシャル型近接性

接触ポテンシャルとは,あるノード(都市)に他の全ノードから人々が集まることを考えた時,集まった人々がそのノードに合計何時間滞在できるかを示す指標で,あるノードへの人々の集まりやすさを表す(藤目節夫 1991「伯方・大島大橋開通に伴う越智郡3島5町の近接性変化」愛媛大学法文学部論集(文学科編) **23**: 37-66).

$$V_i = \sum_{j=1}^{n} T_{ij} \cdot P_j \tag{3}$$

ここで,

$V_i$ はノード $i$ の接触ポテンシャル型近接性,

$T_{ij}$ はノード $j$ からノード $i$ を訪問した際の $i$ での有効滞在時間,

$P_j$ はノード $j$ の人口.

## 3. 近接性の時系列変化に関する実証研究

カナダ都市群システムにおけるノード(都市)が,時系列的にみていかに近接性を変化させてきたかを分析した研究を紹介しよう(Y.Murayama 1982. Canadian urban system and its evolution process in terms of air-passenger flows. *Geographical Review of Japan* **55**: 380-402). 分析に用いたデータは30都市間の週間航空便数である. 便数が多いほど近接性が高いと考えられるので,便数の逆数を機能距離と定義する.

都市 $i$ と $j$ との最短機能距離 $g_{ij}$ は次式で示せる.

$$g_{ij} = \min(g_{ia} + g_{aj}) \tag{4}$$

3．近接性の時系列変化に関する実証研究　157

したがって，都市 $i$ の近接性 $A_i$ は，他の全29都市への最短機能距離を総計した値である．

$$A_i = \sum_{j=1}^{29} g_{ij} \tag{5}$$

$A_i$ の値が小さいほど，都市群システムの中で，都市 $i$ は相対的に高い近接性を保有していることになる．

図14-4は，導出した各ノードの近接性の等値線図を4時期に分けて描いたものである．等値線の間隔は時期によって異なり，1976年に近いほどなだらかになっている．このことは，近接性の都市間格差が年々縮小してきていることを意味する．すなわち，1961年においては，航空機を利用して移動する場合，どの都市に居住するかによって都市への往来のしやすさに格段の差があったが，年を追うごとに，小都市にも航空ネットワークが開設され，相対的に差がなくなったのである．

近接性は4時期とも，北に位置する都市ほど低い．また4時期ともウィンザーからケベックに至るカナダ心臓部で近接性が高いというパターンを呈している．時期によって近接性を大幅に増加させた都市もあれば，低下させた都市もある．西部の諸都市とくにカルガリーとエドモントンは，15年間に近接性を大きく増加させた．この増加は，石油資源の開発により，これらの

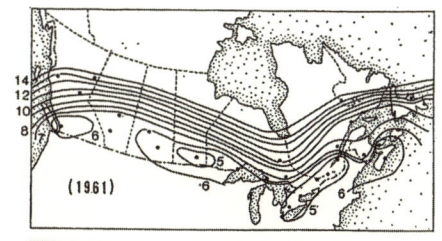

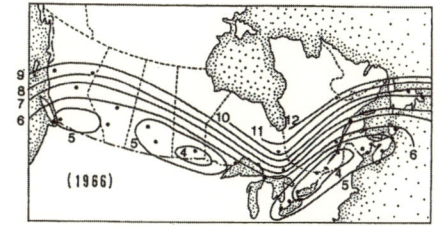

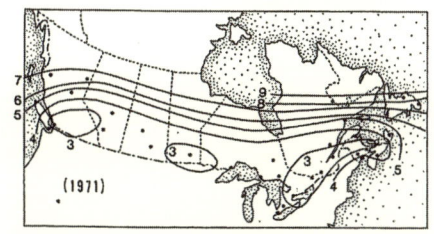

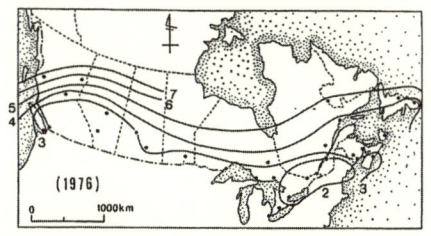

図14-4　航空ネットワークからみたカナダ諸都市における近接性の変化（1961-76年）

都市の経済がとくに1970年以降急速に発展してきたことに呼応する．

# 第15章

# 地域間の流動をみいだす

## 1. はじめに

　地域間には，旅客，物資，資金，情報など多様な流動が生じている．この地域間流動は，地理学では空間的相互作用 [Spatial Interaction] ともよばれている．この用語を最初に用いたのは，アメリカの交通地理学者 アルマンであった（E. L. Ullman 1956. The role of transportation and the bases for interaction. In W. L. Thomas ed., *Man's Role in Changing the Face of the Earth*, University of Chicago Press, 862-880）．彼は，空間的相互作用を規定する3つの原理－補完性 [Complementarity]，介在機会 [Intervening Opportunity]，可動性 [Transferability] を提示し，アメリカの貨物流動の空間構造を説明しようと試みた．

　補完性とは，発地における供給（放出性）と着地における需要（吸引性）とがあって初めて両地区間に流動が起こるという概念である．補完関係が強固なほど，空間的相互作用は強くなる．介在機会とは，$a$と$b$の間に別の供給地があると，$ab$間の流動は，介在機会$c$に吸収され，少なくなるという概念である．可動性は，距離（交通費用）に関する概念で，2地区間の距離が離れるほど空間的相互作用は弱くなり，交通費用が限界を越えるともはや流動は起こらないというものである．

　アルマンが提示した3つの原理は，物資や人の流動を通して帰納的に導かれた経験則であったが，1960年代以降開発されていく空間的相互作用モデル群の理論的根拠となった．

## 2．空間的相互作用モデルとは

このモデルが注目を集めるのは，2地区間に生じる複雑な流動が，発地の放出性，着地の吸引性，そしてその間の距離という3変数だけで説明可能な点にある．つまりきわめて簡明でエレガントなモデルである．

空間的相互作用モデルは一般に次式で示される．

$$T_{ij} = f(V_i, W_j, d_{ij}) \tag{1}$$

ここで$T_{ij}$は発地$i$から着地$j$への流動量，$V_i$は$i$の放出性，$W_j$は$j$の吸引性，$d_{ij}$は$ij$間の距離である．これら3変数にどのような指標をあてるかは，対象とする流動の種類によって異なる．$V_i$と$W_j$に関しては，通勤流動の場合にはそれぞれ住宅数や雇用機会が，物資流動では供給・需要量，工場数，経済力などがあてられることが多い．また，買物流動では，$V_i$には所得や支出額，$W_j$には小売販売額や小売施設の床面積といった指標が適当であろう．$d_{ij}$には，便宜的に物理的距離（直線距離や道路距離，マンハッタン距離など）があてられることが多いが，場合によっては時間距離，費用距離，心理距離なども考えられる．

図15-1は$m$個の発地と$n$個の着地からなる相互作用（O－D）行列を示したものである．発地$i$と着地$j$との流動量を$T_{ij}$とすると，$i$の総発生流動量$O_i$は，

$$\sum_{j=1}^{n} T_{ij} = O_i \tag{2}$$

また，$j$の総吸収量$D_j$は，

$$\sum_{i=1}^{m} T_{ij} = D_j \tag{3}$$

と示せる．

空間的相互作用モデルの構築とは，図15-1の行列における$T_{ij}$をできるだけ的確に表現できる関数式を作り出すことに帰着する．その関数式は，式（1）を具体化し，一般には，

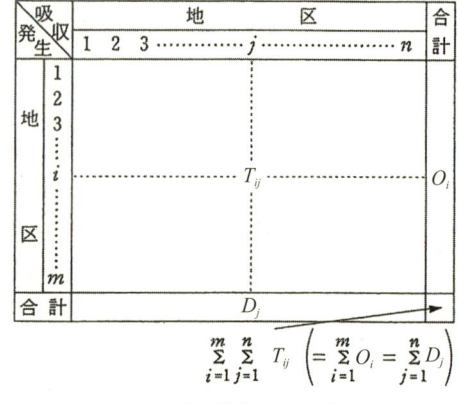

図15-1 相互作用行列

$$T_{ij} = kV_i^\alpha W_j^\gamma f(d_{ij}) \tag{4}$$

となる．ここで$T_{ij}$は発地$i$から着地$j$への流動量，$V_i$は$i$の放出性，$W_j$は$j$の吸引性，$k$は定数（調整項），$\alpha$と$\gamma$は放出性・吸引性を比重づけるパラメータ，$f(d_{ij})$は距離逓減関数である．したがってモデル式の設定は，$k$と$\alpha$，$\gamma$の各パラメータと距離逓減関数$f(d_{ij})$を特定することに帰着する．距離逓減関数については，伝統的に，パワー型［$f(d_{ij}) = d_{ij}^\beta$］の利用が圧倒的に多い．

60年代以降になると指数を用いた関数式がかなり適用されるようになった．とくに70年代以降は，ウィルソンにより開発されたエントロピー最大化モデルの影響もあり著しく増加した（A.G.Wilson 1967. A statistical theory of spatial distribution models. *Transportation Research* **1**: 253-269）．この関数は，パワー型よりも距離の逓減度は緩やかである（距離に対する感度が鈍い）．

図15-2は，指数を用いた代表的関数型を示したものである（P.J.Taylor 1975. *Distance Decay in Spatial Interactions*. Geo Abstracts, Concepts and Techniques in Modern Geography 2, http://qmrg.org.uk/files/2008/11/2-distance-decay-in-spatial-interactions.pdf）．距離の逓減効果はパレート型が最も強く，正規型が最も弱い．最近では，これら5型の他にも，タナー型（指数関数とパワー関数を組み合わせたもの）やガンマ型など，より精緻な距離逓減関数も注目されている．

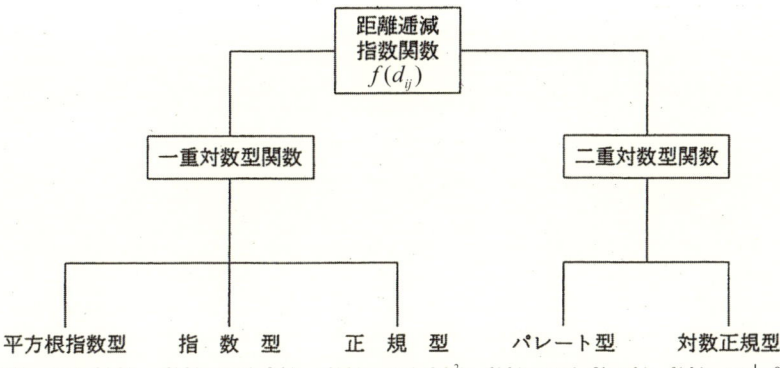

```
                    距離逓減
                    指数関数
                    f(d_ij)
           ┌───────────┴───────────┐
      一重対数型関数              二重対数型関数
    ┌──────┼──────┐         ┌──────┼──────┐
 平方根指数型  指数型   正規型      パレート型   対数正規型
```

$f(d_{ij}) = \exp(-\beta/d_{ij})$　　$f(d_{ij}) = \exp(-\beta d_{ij})$　　$f(d_{ij}) = \exp(-\beta d_{ij}^2)$　　$f(d_{ij}) = \exp(-\beta \log d_{ij})$　　$f(d_{ij}) = \exp|-\beta (\log d_{ij})^2|$

図15-2　指数による距離逓減関数

出典　P.J. Taylor 1975. *Distance Decay in Spatial Interactions*. Geo Abstracts, Concepts and Techniques in Modern Geography 2, 35p.

以上のように，距離 $d_{ij}$ の増加にともなう $f(d_{ij})$ の逓減度は，適用する関数型によって異なる．したがって，どの関数式が適当かは，研究対象とする流動の種類によって決まる．通常は，流動量と距離との関係を散布図に描き，最も適合度がよい関数型を採用する．従来の研究例をみるとパワー型と指数型の適用が圧倒的に多いが，これは推定するパラメータが1つだけであり，キャリブレーションが容易なためである（石川義孝 1988『空間的相互作用モデルーその系譜と体系』地人書房）．

## 3．空間的相互作用モデル族

空間的相互作用モデルは，$V_i$（放出性）と $W_j$（吸引性）という質量項をいかに定めるかにより次の5つのケースが想定できる．

≪①発生－吸収制約モデル≫
$V_i$ には $O_i$ を，そして $W_j$ には $D_j$ をあてる（$V_i = O_i$，かつ $W_j = D_j$）．つまり，$i$ の放出性には $i$ の発生流動量，そして $j$ の吸引性には $j$ の吸収流動量を与える．それゆえ，構築されたモデル式において式（2）と（3）の2つの条件が同時に成立しなければならない．そのためには調整項 $k$ の代わりに，2つの均衡因子 $A_i$，$B_j$ を組み込む必要がある．

$$T_{ij} = A_i B_j O_i D_j f(d_{ij}) \tag{5}$$

均衡因子 $A_i$ は，式（2）に式（5）を代入することによって得られる．

$$\sum_{j=1}^{n} A_i B_j O_i D_j f(d_{ij}) = O_i \tag{6}$$

したがって，

$$A_i = \frac{1}{\sum_{j=1}^{n} B_j D_j f(d_{ij})} \tag{7}$$

均衡因子 $B_j$ は，式（3）に式（5）を代入することによって得られる．

$$\sum_{i=1}^{m} A_i B_j O_i D_j f(d_{ij}) = D_j \qquad (8)$$

したがって,

$$B_j = \frac{1}{\sum_{i=1}^{m} A_i O_i f(d_{ij})} \qquad (9)$$

≪②発生制約モデル≫

$V_i$ には $O_i$ を与えるが,$W_j$ には $D_j$ ではなく他の適切な外生変数を与える($V_i = O_i$, $W_j \neq D_j$).したがって,式(3)は満たされなくてもよいが,式(2)は満たされねばならない.そのため,調整項 $k$ の代わりに,均衡因子 $A_i$ を組み込む.

$$T_{ij} = A_i O_i W_j^{\gamma} f(d_{ij}) \qquad (10)$$

均衡因子 $A_i$ は,式(2)に(10)を代入することによって得られる.

$$\sum_{j=1}^{n} A_i O_i W_j^{\gamma} f(d_{ij}) = O_i \qquad (11)$$

$$A_i = \frac{1}{\sum_{j=1}^{n} W_j^{\gamma} f(d_{ij})} \qquad (12)$$

≪③吸収制約モデル≫

$W_j$ には $D_j$ をあてるが,$V_i$ には $O_i$ ではなく他の適切な外生変数を与える($V_i \neq O_i$, $W_j = D_j$).したがって,式(2)の条件は満たされなくてもよいが,式(3)の条件は満たされなければならない.そのために,調整項 $k$ に均衡因子 $B_j$ を導入する.

$$T_{ij} = B_j V_i^{\alpha} D_j f(d_{ij}) \qquad (13)$$

$$B_j = \frac{1}{\sum_{i=1}^{m} V_i^{\alpha} f(d_{ij})} \qquad (14)$$

≪④総流量制約モデル≫

$V_i \neq O_i$, $W_j \neq D_j$ であるが，構築されたモデル式における総流量が実際の総流量 $T$ と等しくなるように制約を設ける．制約条件は，

$$T = \sum_{i=1}^{m}\sum_{j=1}^{n} T_{ij} \tag{15}$$

モデル式は，

$$T_{ij} = KV_i^\alpha W_j^\gamma f(d_{ij}) \tag{16}$$

$K$ は式 (15) の制約条件を満たすように定められた均衡因子である．$K$ は式 (16) を (15) に代入して得られる．

$$T = \sum_{i=1}^{m}\sum_{j=1}^{n} KV_i^\alpha W_j^\lambda f(d_{ij}) \tag{17}$$

よって

$$K = \frac{T}{\sum_{i=1}^{m}\sum_{j=1}^{n} V_i^\alpha W_j^\gamma f(d_{ij})} \tag{18}$$

≪⑤無制約モデル≫

$V_i$, $W_j$ に，それぞれ他の適切な外生変数を与え，制約条件はいっさいつけない ($V_i \neq O_i$, $W_j \neq D_j$)．この場合のモデル式は式 (4) そのものである．

式(5)で示される発生－吸収制約モデルは，$i$ から発生する流動量の総量に式(7)の制約条件，および $j$ に吸収される流動量の総量に式 (9) の制約条件の両方がつけられるところから二重制約モデルと呼ばれる．また，発生制約モデルと吸収制約モデルは，発地の総流出量と着地の総流入量いずれか一方に制約条件が加わるので一重制約モデルと呼ばれる．なお④の総流量制約モデルは，通常は無制約モデルに含められる．

発生－吸収（二重）制約モデルの例としては通勤モデルがあげられる．通勤者は居住地のある地区 $i$ から発生し，職場である地区 $j$ に吸収される．流動量 $T_{ij}$ は地区 $i$ の住宅から地区 $j$ の職場への通勤者数で与えられる．したがって地区 $i$ の

住宅総数（各住宅は1人のみの通勤者をもつと仮定）は地区$i$から発生する通勤者総数に等しく，地区$j$の就業機会総数は地区$j$に吸収される通勤者総数に等しいという制約を受けることになる．

発生制約モデルの代表は，買物行動モデルである．$T_{ij}$は地区$i$の消費者が地区$j$のショッピング・センターで買物をするときの消費（支出）額で与えられよう．消費者の所得は限られているため，住民が購買に支出できる金額には上限がある．一方，地区$j$のショッピング・センターにとっては，その販売額は，そこで買物をする消費者の購買力に依存する．消費者が集まれば集まるほど販売額は増加し，消費者が来店しなければ販売額は減るのである．したがって地区$i$の住民の消費総額$O_i$は一定に定まっているとみなせるのに対し，地区$j$の小売販売額$D_j$は可変的で固定化されないと考えられる．つまり$O_i$だけが制約条件として働くのである．

吸収制約モデルの典型的な例には居住立地モデルがあげられる．$T_{ij}$には居住地区$i$から雇用地区$j$へ向かう就業者数があてられよう．地区$j$（着地）の雇用機会（雇用可能人数）が定まっているとき，就業者の居住地区$i$（発地）を効率的に割り当てることを考えよう．この場合，雇用機会の総数$D_j$には制約条件が働くため，$D_j$は地区$j$へ流入する就業者総数に一致する．一方，発地としての居住地区は就業者が自由に選択することができ，したがって発地に制約条件を設ける必要はない．居住地区$i$に関する外生変数$V_i$には住宅ストック，住宅価格，住環境などの指標がとられることが多い．

総流量制約モデルは，外部との交流がない閉鎖システムでの地区間人口移動の分析に適しているだろう．移動前と移動後で対象地域全体での総流量は不変であるという制約がつけられる．

無制約モデルの代表は古典的な重力モデルであるが，これについては次節で詳述する．

# 4．重力モデル

重力モデルという名は，ニュートンの万有引力の法則を援用して構築されたこ

とに由来する．古くから交通流動研究に適用されてきたが，後述するエントロピー最大化モデルが考案される 1960 年代後半までは，特に重宝された．

引力法則のアナロジーとしての重力モデルは次式で表される．

$$T_{ij} = k \frac{V_i W_j}{d_{ij}^2} \tag{19}$$

ここで $T_{ij}$ は発地 $i$ から着地 $j$ への流動量，$V_i$ は $i$ の放出性，$W_j$ は $j$ の吸引性，$d_{ij}$ は $ij$ 間の距離，$k$ は調整項としての定数である．

式 (19) を基本に多くの拡張モデルが考案されてきたが，質量項を加重し距離逓減関数を一般化すると次のように定式化できる．

$$T_{ij} = k V_i^\alpha W_j^\gamma f(d_{ij}) \tag{20}$$

ここで $\alpha$，$\gamma$ は放出性，吸引性を比重づけるパラメータである．$f(d_{ij})$ は距離逓減関数であり，一般にはパワー関数が利用されてきたが，もちろん指数関数も適用できる．

パワー関数を用いて式 (20) を定義し直すと，

$$T_{ij} = \frac{k V_i^\alpha W_j^\gamma}{d_{ij}^\beta} \tag{21}$$

となる．$T_{ij}$，$V_i$，$W_j$，$d_{ij}$ を既知としてパラメータ $k$，$\alpha$，$\beta$，$\gamma$ を推定し，モデル式を誘導する．通常は式 (21) の両辺を自然（常用）対数変換し，最小二乗法（重回帰分析）の適用によりパラメータを定める．

$$\ln T_{ij} = \ln k + \alpha \ln V_i + \gamma \ln W_j - \beta \ln d_{ij} \tag{22}$$

推定されたパラメータ $k$ および $\alpha$，$\beta$，$\gamma$ を式 (21) に挿入すれば，モデル式が構築できる．式 (19) の重力モデル式では $i$ から $j$ への流動量 $T_{ij}$ と $j$ から $i$ への流動量 $T_{ji}$ は等価に見積もられてしまい，現実と合わなかった．しかし，パラメータ $\alpha$，$\gamma$ の導入により式 (21) の重力モデルではそれらの違いが識別可能になっている．

前述したように，重力モデルは制約条件がついていない無制約モデルである．したがって，推定された $T_{ij}$ の発地 $i$ に関する行和が実際の総発生流動量 $O_i$，着地 $j$ に関する列和が実際の総吸収流動量 $D_j$ と一致しないことに注意する必要が

ある．この点は分析結果の解釈に不都合を生じさせることが多い．
　重力モデルは数多くの実証研究に利用されてきたが，上述した欠点のほかにも次のような問題点が存在する（石川義孝1988『空間的相互作用モデル－その系譜と体系』地人書房；杉浦芳夫1986.空間的相互作用モデルの近年の展開－重力モデルからエントロピー最大化型モデルへ．野上道男・杉浦芳夫『パソコンによる数理地理学演習』古今書院，137-186）．①重力モデルはニュートンの引力法則の単なるアナロジーであって，経験則にすぎない．したがって，流動メカニズムを説明するうえで，理論的説得力に欠ける．②パラメータの推定には，最小二乗法が適用されるが，その際対数変換がなされるため，規模の大きな相互作用が過小に評価されてしまう．また $T_{ij}$ がゼロの時は対数をとることができず，そのフローをモデル式に組み込めない（通常は便宜的にゼロに近い値で置き換える）．③空間的相互作用は発地と着地の位置関係（地図パターン）によっても影響を受けるが，それが重力モデルではまったく考慮されていない．それゆえ，推定された距離パラメータが実質的に意味を持たなくなる可能性がある．④実際の流動に対するモデルの適合度がそれほど高くなく，予測モデルとして精度が低い．これは最大の欠点である．

## 5．エントロピー最大化モデル

　重力モデルのこれら欠点のいくつかを取り除いたのが，前述したように，1960年代後半にWilsonが開発したエントロピー最大化モデルである．とくに，①の批判に答える形で，流動メカニズムの理論的基盤をエントロピー概念の援用により与えた点は高く評価される．
　このモデルは，人の交通行動（パーソントリップ）を分子の運動になぞらえ，統計力学的手法でモデル式を導出した点に特徴がある．
　いま，発地を $m$ 個，着地を $n$ 個，総流動量（トリップ数）を $T$，地区 $i$ から地区 $j$ への流動を $T_{ij}$ とし，総数 $T$ 個のトリップを，$m \times n$ 種類の地区の組み合わせに配分することを考える．このときの場合の数を $W(T_{ij})$ とする．
　ここで統計力学的エントロピーの考え方を借用する．気体の運動は，非平衡

状態から平衡状態へと移行するにつれて，エントロピーは増大し，平衡状態（最も実現しやすい分布）で最大になる．したがって，交通流動における $W(T_{ij})$ は，統計力学的文脈でいえば，$T$個の分子を，あるマクロ状態において，分子がとりうるすべてのミクロ状態に配分する状況に疑似させることができる．とすれば，最も出現しやすい地区間流動人数 $T_{ij}$ を推定することは，総人数 $T(=\Sigma\Sigma T_{ij})$ の中から $T_{ij}$ をえらぶ場合の組み合わせの数 $W(T_{ij})$ の最大値を見つけることに帰着するから，統計力学でいうエントロピーを最大化することと同じになる．エントロピー最大化モデルと呼ばれるのはこのためである（杉浦芳夫 1986. 空間的相互作用モデルの近年の展開－重力モデルからエントロピー最大化型モデルへ．野上道男・杉浦芳夫『パソコンによる数理地理学演習』古今書院，137-186）．組み合わせの数 $W(T_{ij})$ は，

$$W(T_{ij}) = \frac{T!}{\prod_{ij} T_{ij}!} \tag{23}$$

式（23）の両辺を自然対数変換すると，

$$\ln W(T_{ij}) = \ln T! - \ln(\prod_{ij} T_{ij}!) \tag{24}$$

スターリング近似（$T$ が十分大きいとき，$\ln T! \fallingdotseq T \ln T - T$）を適用すると，

$$\ln W(T_{ij}) = T\ln T - T - \sum_{i=1}^{m}\sum_{j=1}^{n}(T_{ij}\ln T_{ij} - T_{ij}) \tag{25}$$

ついで式（25）で示される目的関数 $\ln W(T_{ij})$ の最大化を図る（ラグランジュの未定乗数法を利用）．ただしこのとき，次のような3つの制約条件を設定する．

$$\sum_{j=1}^{n} T_{ij} = O_i \tag{26}$$

$$\sum_{i=1}^{m} T_{ij} = D_j \tag{27}$$

$$\sum_{i=1}^{m}\sum_{j=1}^{n} T_{ij} d_{ij} = C \text{（総移動費用）} \tag{28}$$

これらのうちいずれの制約条件を設けるかによって4つの空間的相互作用モデル族が導ける．すなわち，式（26），式（27），式（28）の3つの制約条件がつけられるとき二重制約モデル，式（26）と式（28）の2つの制約条件がつけられるとき発生制約モデル，式（27）と式（28）の2つの制約条件の場合吸収制約モデル，

そして制約条件が式 (28) だけの場合は無制約モデルとなる (杉浦 1986, 前掲).
 ①二重制約モデルの場合，次式で示されるエントロピー最大化空間的相互作用モデルが誘導される．

$$T_{ij} = A_i O_i B_j D_j \exp(-\beta d_{ij}) \tag{29}$$

ただし均衡因子 $A_i$ と $B_j$ は以下の式で示される．

$$A_i = \frac{1}{\sum_{j=1}^{n} B_j D_j \exp(-\beta d_{ij})} \tag{30}$$

$$B_j = \frac{1}{\sum_{i=1}^{m} A_i O_i \exp(-\beta d_{ij})} \tag{31}$$

②発生制約モデルの場合は，次式で示される．

$$T_{ij} = A_i O_i W_j^{\gamma} \exp(-\beta d_{ij}) \tag{32}$$

$$A_i = \frac{1}{\sum_{j=1}^{n} W_j^{\gamma} \exp(-\beta d_{ij})} \tag{33}$$

③吸収制約モデルの場合は，次式で示される．

$$T_{ij} = B_j V_i^{\alpha} D_j \exp(-\beta d_{ij}) \tag{34}$$

$$B_j = \frac{1}{\sum_{i=1}^{m} V_i^{\alpha} \exp(-\beta d_{ij})} \tag{35}$$

二重制約エントロピー最大化モデルを例にとり，前述した重力モデルとの関係を見てみよう．式 (29) において，$A_i B_j$ を $k$，$O_i$ を $V_i^{\alpha}$，$D_j$ を $W_j^{\gamma}$，そして $d_{ij}$ を $\ln d_{ij}$ に置き換えると式 (29) は式 (21) に完全に一致し，重力モデルはエントロピー最大化モデルと異種同型であることが確認できる．かくして，依ってたつ理論的根拠が希薄という非難を受けてきた重力モデルは，エントロピー最大化モデルによって理論的裏付けが与えられたのである (杉浦 1986, 前掲).

さて，エントロピー最大化モデルを構築するためには，式 (29)，(32)，(34) における未知のパラメータ $\beta$ を確定しなければならない．重力モデルでは，線形化が可能なためパラメータの推定に最小二乗法が利用されたが，エントロピー最大化モデルでは非線形関係が前提であるため，一般に最尤法（反復法）が用いられる．最尤法とは，実際の流動量 $T_{ij}$ の分布に最も近い理論的分布（尤度関数）を探り出す手法である（杉浦 1986，前掲）．反復計算により，最適な尤度関数の係数が特定されパラメータが確定する．

# 第 16 章

# これからの地域分析

　本書では，地域分析に関する諸手法について概説するとともに，それらの応用事例を紹介した．紙とペン，電卓などを使った簡単な操作から，統計ソフトウェアや GIS を使った複雑な演算まで，地域分析には様々な手段や技法が存在する．地域分析は日々発展しているが，今日，GIS と連携した精緻な地域分析が興隆している．集計データにおける空間単位はますます小さくなっている．データリッチの時代を迎え，集計データはもちろんのこと非集計データを対象にした地域分析も増加傾向にある．

　地域分析の発展は，社会にとってどのような意味を持つであろうか．昨今は学問の「社会貢献」が問われている．こうした状況下において，社会からは何が求められているのであろうか．

　地域主権の時代と言われ，「地域」の主体的役割が注目される一方，少子高齢化，中心市街地の衰退，山間部における過疎化の進展など，地域には様々な社会的問題が噴出している．こうした山積する課題を解決するには，英知を結集し諸学問が連携したアプローチが欠かせない．しかし，その際にはまず「客観的に地域の実態を把握すること」がきわめて重要である．大友は，「諸々の地域の問題を解決するための対策や計画の立案に際しては，関連する各種の地域的な事象を正しく把握し，問題の所在を正しく認識することが大前提である」と指摘する（大友篤 1997『地域分析改訂版』東洋経済新報社）．すなわち，地域分析は地域問題に対する解決方法の模索や政策立案をする際，当事者の共通理解を得るための強力な手段となるのである．

≪地域問題への応用～フードデザート問題を事例に≫

　近年，新聞やテレビ，専門誌，業界誌などで「買い物弱者」，「買い物難民」と

いう用語が頻繁にとりあげられ，とくに小売・流通業界では，こうした問題に対する取り組みが注目を集めている．この背景には，日本における人口構造および社会・経済構造が急速に変化していることがある．平成22年の国勢調査によれば，高齢化率は23％となり，日本は「超高齢社会」に突入している．高齢者人口は増加の一途をたどっている．その一方で，大型スーパーの出店などによって，生鮮食料品店の数は減少し続けている．この現象は郊外よりも都心部でより顕著である．このため，「近くに買い物場所がない高齢者が『買い物難民/弱者』化する」現象が全国的に顕在化している．ここで紹介する「フードデザート (Food Deserts, 以下本文ではFDsと表記)」は，そうした買い物場所の喪失にとどまらず，それにともなう健康被害のリスクの拡大までとらえようとする視座である．FDsは，①社会・経済環境の急速な変化のなかで生じた「生鮮食料品供給体制の崩壊」と②「社会的弱者の集住」という2つの要素が重なったときに発生する社会的弱者層の生活環境悪化問題とみなせる（岩間信之編 2013『改訂新版 フードデザート問題－「無縁社会が生む食の砂漠」』農林統計協会）．

では，FDs問題が発生している場所，そして問題に直面している高齢者の人数や属性を把握することはできるだろうか．もしそれができれば，移動販売車や配食など，問題解決のための具体的な施策を提示することが可能となろう．この点からも，FDsという視点からの地域分析に期待がかかる．

高齢者のデータと店舗データとを利用して，FDsが発生している地域を抽出してみよう．高齢者が無理なく移動可能な距離を設定し，高齢者に対する生鮮食料品の需給バランスを地図化した例を示す（図16-1）．この図は，愛知県豊橋市におけるFDsの分布，すなわち「フードデザートマップ」である．ここでは需要量－供給量を「FDs値」として定義している．豊橋駅から東部にかけての地域や豊橋駅西周辺などの中心市街地において，需要が供給を大きく上回っていることが読み取れる．また，人口集中地区で比較的高い値を示すほか，それ以外にも局地的に需要が高い場所が散在する（駒木伸比古 2013．豊橋市におけるフードデザートマップの作成とその評価－地域住民とのディスカッションを通じて．地域政策学ジャーナル **2**(2): 65-72）．

直線距離および道路距離によって食品スーパーの利用圏外に居住する高齢者数を推計すると，表16-1の結果が得られた．利用圏を500 mとした場合，直線距

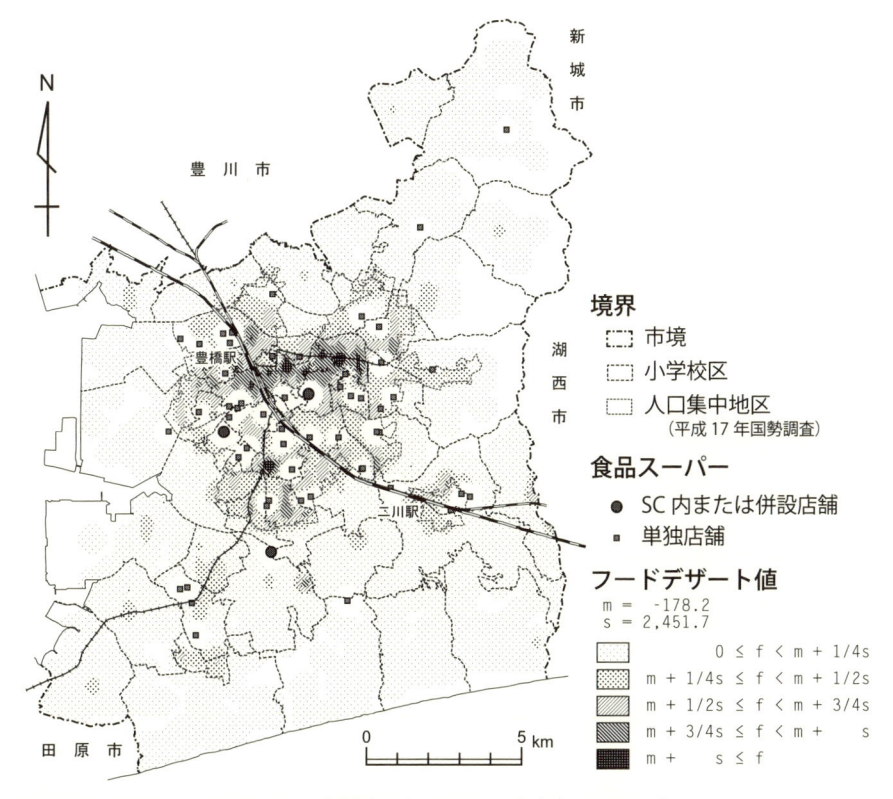

図 16-1　豊橋市におけるフードデザートマップ
本図は，生鮮食料品を扱うスーパーまでの空間的な近接性をもとに作成したものである．公共交通機関の有無や社会福祉の充実度，家族構成などは加味していない．またデータの制限上，個人商店やコンビニなども含まれていない．したがって，本図はフードデザートを把握するうえでの1つの目安であり，絶対的な指標ではないことに留意されたい．

離では約6割，道路距離の場合は約7割の高齢者が利用圏外に居住していると算出される．利用圏を1,000 mに拡大すると，圏外人口は直線距離で約2割弱，道路距離で約3割強となり，さらに1,500 mまで拡大すると圏外人口は直線距離で約1割弱，道路距離で約2割となる．したがって，現実的には500～1,000 mの間に，食品スーパーへの移動距離における閾値があるものと考えられる．

　分析結果を踏まえ，「フードデザート」の状況を地域住民に説明すると，彼らのほとんどは，「フードデザート」という用語は認識していなかったが，高齢者

表 16-1 距離別にみた食品スーパーの推計利用圏外人口

| 直線距離 | 500m圏外 | | 1000m圏外 | | 1500m圏外 | |
| --- | --- | --- | --- | --- | --- | --- |
| | (人) | (%) | (人) | (%) | (人) | (%) |
| 総人口 | 216,846 | 57.6 | 83,938 | 22.3 | 45,586 | 12.1 |
| 高齢者人口 | 44,465 | 58.3 | 17,415 | 22.8 | 9,932 | 13.0 |
| 後期高齢者人口 | 20,786 | 59.6 | 8,357 | 24.0 | 4,835 | 13.9 |

| 道路距離 | 500m圏外 | | 1000m圏外 | | 1500m圏外 | |
| --- | --- | --- | --- | --- | --- | --- |
| | (人) | (%) | (人) | (%) | (人) | (%) |
| 総人口 | 262,055 | 69.7 | 124,249 | 33.0 | 75,568 | 20.1 |
| 高齢者人口 | 53,512 | 70.2 | 25,157 | 33.0 | 15,850 | 20.8 |
| 後期高齢者人口 | 24,873 | 71.3 | 11,851 | 34.0 | 7,657 | 21.9 |

の周辺で買い物が困難になりつつあるという実態を深刻にとらえていることが明らかになった．また，作成した「フードデザートマップ」を地域住民に披露すると，その分布に共通認識が得られるばかりでなく，具体的な解決方法が提案されるなど，活発な議論が展開された．地図表現やその公表方法についても示唆に富む発言がみられた．

過去から現在までの地域変化を的確に把握し，そのトレンドにより帰納的に将来を予測するなどして，分析結果を地域住民に還元することは，地域問題を考えたり解決したりするための「第一歩」となる．

≪これからの地域分析に向けて≫

「地理空間情報活用推進基本法（以下，基本法）」の成立（2007年），「地理空間情報活用推進基本計画（以下，基本計画）」の実施（2008年）を経て，今日，地理空間情報の整備は着実に進んでいる．誰もがいつでもどこでも位置・場所の情報を入手できる「地理空間情報高度活用社会」が現実のものになりつつある．国や地方自治体が整備した多種多様な地理空間情報がインターネットを通じて提供され，教育研究機関，行政機関に限らず，民間企業でも自由に活用が可能になっている．さらに，分析ツールである統計解析ソフトウェアやGISソフトウェアなども無料で入手可能なものが増えている．

最後に，本書を手にした読者に筆者の願望を述べて閉じたい．本書で紹介した分析手法や事例を参考に，ぜひご自身が生活する地域において「地域分析」に挑戦していただきたい．「地域分析」の必要性は近年再評価され，生活者の視点から，個人による地域分析結果の発信も行われるようになってきた．例えば2011年3

月11日に発生した東日本大震災は記憶に新しいが，発生後，学者や研究者にとどまらず，学生，地域住民や一般人が震災に関連する地域分析を行い，その結果や解釈，知見を世の中に発信している．こうした運動，行為が，「地域を見つめ，地域を活かす」地域づくりの礎となるのではないだろうか．

# 索　引

## 【あ　行】

アクセシビリティ　31, 153
一致係数　61
因果関係　104
因果分析　106
因子構造　44
因子得点　44
因子得点行列　76
因子負荷量　44, 55
因子負荷量行列　46, 48
因子分析　22, 25, 43, 46, 55, 67, 68, 76
インパクトファクター　4
引用関係　4
ウイルクスのラムダ（λ）統計量　72
ウォード法　62, 63, 68, 101
迂回度　147
エントロピー最大化モデル　161, 166, 167, 170
オーダーメード集計サービス　6
オンラインジャーナル　4

## 【か　行】

カーネル密度推定法　136
回帰関係　29
回帰直線　30
回帰分析　29, 40
介在機会　159
外生変数　104
階層関係　60
階層的方法　62
階層的モード法　63
外的基準　61, 92, 95, 96, 107
回路階数　144
学術コンテンツ　3
可動性　159
可変単位地区問題　117
貨物流動　76
間隔尺度　21
間接効果　104
完全連結グラフ　145

官庁統計　8
ガンマ型　161
関連数　146
起終点（O－D）行列　24
機能地域　125
機能的地域区分　25
基盤地図情報　8, 9
吸引性　159, 160
吸収制約モデル　163, 165, 168
凝集分布　131
業態指数　121, 122
共通因子　44
共通性　44
距離　61, 160,
距離行列　24
距離減衰効果　31
寄与率　30, 44
距離逓減関数　161, 166
距離の公理　85
近接性　147, 153, 155, 157
均等分布　131
空間解析　14, 127
空間情報科学研究室　11
空間的拡散分析　36
空間的相互作用　159, 160
空間的相互作用モデル　162
空間分析　13
クラークモデル　34
クラスター　60
クラスター分析　22, 25, 59, 62, 65, 67, 68, 101, 121
クラスタリング　61
グラフ　143
グラフ・クラスタリング手法　65
グラフ理論　144
グリッド　118
群平均法　62
計量革命　37
計量地理学　21
計量地理学者　21

計量的多次元尺度構成法　82, 83, 85
ケーニッヒ数　146
結節構造　51
結節地域　55
決定係数　30, 94
格子型　147, 148
合成変量　94
構造方程式モデル　22
国土数値情報　10, 127
国土地理院　8
国立情報学研究所　1
個人差多次元尺度構成法　88
個票データ　6
固有方程式　97, 98
ゴンペルツ曲線　37

【さ 行】
最遠隣法　62
最近隣尺度　131
最近隣尺度族　133
最近隣法　62, 133, 135
最小二乗法　30
最短パス操作法　153, 154
最適化法　63
最尤法　170
三角網　126
三角型　147, 148
残差　30, 39
残差パス係数　104
3相MDS　83
3相因子分析法　56
サンプル数量　96
時間空間　88
指数関数　166
質的データ　20, 26, 94
シミュレーション　149, 151
斜交回転　46, 56
主因子分析法　45
重回帰分析　22, 25, 30, 37, 39, 71, 72
集計単位　117, 118
集計データ　171
重心法　62
重相関係数　30, 94
従属変数　29
重力モデル　22, 165, 167
主成分　45
主成分分析　22, 46
順位・規模　35

準計量的多次元尺度構成法　83
順序尺度　20, 91
冗長性係数　80
所在情報　2
新統計法　6
数量化Ⅰ類　92
数量化Ⅱ類　94, 95
数量化Ⅲ類　96, 101
数量化Ⅳ類　97
数量化理論　22, 26, 91
ステップワイズ法　30
ストレス　83, 84
正準構造行列　80
正準相関係数　72, 79
正準相関分析　25, 71〜73, 76, 77
正準得点　72
正準判別分析　72
正準変量　72, 73, 78, 79
成長曲線モデル　35
政府統計　5
世界測地系　119
積和行列　56
接触ポテンシャル型近接性　156
切片　30
説明変数　29, 71
背骨型　147, 148
線形判別関数　108
セントログラフィ　131〜133
相互依存関係　78
総合統計書　6
相互作用型属性行列　22, 47, 51
相互作用行列　22, 24, 47, 48, 65
総務省統計局　6
総流量制約モデル　164, 165
属性行列　22, 47, 64
属性行列体　44
ソフトウェア　1, 12

【た 行】
ダイアディック因子分析法　51
多次元解析　20
多次元尺度構成法　22, 26, 81
タナー型　161
多変量解析　13, 19, 20, 21, 22, 25
多変量データ　19
ダミー変数　94
単回帰分析　30, 31, 34, 35
地域区分　25

索 引 179

地域分析　1, 19, 21, 30, 44, 55, 171
地域メッシュ統計　119
地域問題　174
地球地図プロジェクト　8, 10
逐次選択法　30
地図資料　8
地図データ　11
直接因子分析法　51
直接効果　104
直径　144
直交回転　46
地理学　19, 20
地理行列　21, 22, 25, 46
地理空間情報活用推進基本法　8, 10, 174
地理空間情報ライブラリー　8
地理的場理論　76
定性的データ　92
データ　5
適合度　83
テッセレーション　125
デンドログラム　60, 62, 64, 66, 68
点分布パターン分析　131, 141
東京大学CSIS　10
統計解析　12
統計解析ソフトウェア　13
統計関係リンク集　6
統計資料　5
統計調査　6, 8
統計データ　5, 11
統計図書館　7
統計パッケージ　1
統計力学的手法　167
等質地域　55
等質的地域区分　25, 67
独自因子　44
独立変数　29
都市雇用圏　119
ドロネー図　126

【な　行】
内生変数　104
二次統計書　6
二重制約モデル　169
日本測地系　119
ニューリングモデル　34
ネットワーク　143, 144, 148
ネットワークボロノイ分割　127, 128
農業地域区分　69

ノン・プラナー（非平面）グラフ　143
ノンメトリックMDS法　82

【は　行】
パーソントリップ調査　64
パス解析　103〜106
発生－吸収制約モデル　162
発生制約モデル　163, 165, 168
パラメータ　161
バリマックス法　46
パワー関数　166
バンド幅　137
判別境界値　96
判別係数　108
判別分析　22, 26, 106, 107
非階層的方法　62, 63
非計量的多次元尺度構成法　82, 87, 88
非集計データ　171
被説明変数　29, 37, 71
ビッグデータ　19
非比率測度　144
費用空間　88
標準地域メッシュ　117, 118
標準都市雇用圏　34
標準偏回帰係数　30, 39
標準偏差楕円　133
標準距離　133
比率測度　145
比例尺度　21
フードデザート　173
フードデザートマップ　172
ブール代数操作法　154
復元空間　88
プラナー（平面）グラフ　143
文献　1, 4
分散　147
分散共分散行列　56
平均中心　133
ベリー　21, 47, 51, 76
偏回帰係数　30, 94
変動説明量　44, 55
方格法　133
放出性　159, 160
補完性　159
ポテンシャル型近接性　155
ボロノイ分割　125, 127

## 【ま　行】

密度探索法　63
無向グラフ　143
無制約モデル　164, 165
無値グラフ　144, 153, 154
名義尺度　20, 91
メディアン法　62
メトリックMDS法　82
メンタルマップ　22
モジュラリティ　66
モンテカルロ法　149

## 【や　行】

ユークリッド距離　63
有向グラフ　143
有値グラフ　144, 154

## 【ら　行】

ランダム分布　131
リサーチ・ナビ　7
領域　125
量的データ　20
類型化　59
類型区分　64
類似性　81
類似度　61
累積変動説明量　44
歴史地域統計データ　11
連結行列　24
連結度　146
連想検索　2
ロジスティック曲線　35

## 【a, b, c, ……】

ArcGIS　14
ArcGIS Explore　14
ArcMap　138
BLACK-BOX　12
CiNii　1, 2
CiNii Articles　2
CiNii Books　2
College Analysis　12
CSI　6
CSRDA　6
Dnavi　7
e-Stat　5, 6
GeNii（ジーニィ）　1
GIS　1, 13
GISビューア　14
Google Scholar　4
GRASS GIS　14
GWLR　37
INDSCAL　83, 88
JAIRO　1, 3
J-GLOBAL　4
J-STAGE　4
KAKEN　1
$K$関数法　133, 136
MANDARA　13, 14
Map Window　14
MDSCAL　82
MDS法　82
MEA　120
NII-DBR　1, 3
PARAFAC　83
Quantum GIS　14
Q技法　44
Q分析　110
RUDA　6
R技法　44, 46
R言語　12
SuperMap　14
S技法　44
TNTmips Free　14
T技法　44
Web of Knowledge　5
Web of Science　4, 5
Webcat Plus　1

## 著 者

村山 祐司（むらやま ゆうじ）
所　属　筑波大学生命環境系・教授（理学博士）
専　門　地理情報科学，都市・交通地理学，空間分析
主要著作　GIS で空間分析（編著，古今書院，2006）
　　　　　シリーズ GIS　全 5 巻（編著，朝倉書店，2008 ～ 2009）
　　　　　Spatial Analysis and Modeling in Geographical Transformation Process (Eds. Springer, 2011)
　　　　　Progress in Geospatial Analysis (Ed. Springer, 2012)

駒木 伸比古（こまき のぶひこ）
所　属　愛知大学地域政策学部・准教授（博士（理学））
専　門　都市・商業地理学，空間分析
主要著作　教育 GIS の理論と実践（共著，古今書院，2004）
　　　　　役に立つ地理学（編著，古今書院，2012）
　　　　　小商圏時代の流通システム（共著，古今書院，2013）
　　　　　改訂新版　フードデザート問題（共著，農林統計協会，2013）

---

| | |
|---|---|
| 書　名 | 新版　地域分析－データ入手・解析・評価－ |
| コード | ISBN978-4-7722-5272-0 C1055 |
| 発行日 | 2013 年 9 月 26 日　初版第 1 刷発行 |
| 著　者 | 村山 祐司・駒木 伸比古 |
| | Copyright ©2013 Yuji Murayama and Nobuhiko Komaki |
| 発行者 | 株式会社古今書院　橋本寿資 |
| 印刷所 | 三美印刷株式会社 |
| 発行所 | 古今書院 |
| | 〒 101-0062　東京都千代田区神田駿河台 2-10 |
| 電　話 | 03-3291-2757 |
| ＦＡＸ | 03-3233-0303 |
| 振　替 | 00100-8-35340 |
| ホームページ | http://www.kokon.co.jp/ |
| | 検印省略・Printed in Japan |

# いろんな本をご覧ください
## 古今書院のホームページ

## http://www.kokon.co.jp/

★ 700点以上の**新刊・既刊書**の内容・目次を写真入りでくわしく紹介
★ 環境や都市, GIS, 教育など**ジャンル別**のおすすめ本をラインナップ
★ 月刊『**地理**』最新号・バックナンバーの目次＆ページ見本を掲載
★ 書名・著者・目次・内容紹介などあらゆる語句に対応した**検索機能**
★ いろんな分野の関連学会・団体のページへ**リンク**しています

## 古 今 書 院
〒101-0062　東京都千代田区神田駿河台 2-10
TEL 03-3291-2757　　FAX 03-3233-0303
☆メールでのご注文は　order@kokon.co.jp へ